Mana

Iコード
宇宙設計図の神秘

三楽舎

はじめに

本文をお読み頂く前に、どうしてもお伝えしなくてはならないことから先に書かせて頂きます。プロローグとしては異例の長文になりましたが、何卒宜しくお願い致します。

スピリチュアルや精神世界というジャンルにおいては、色々な方を通じて、ほぼ似かよった内容が発信されています。「愛」という概念も相当に出回っている今日この頃です。言葉や文字による知識や理解という点では、多くの方々がスピリチュアルな情報というものに「食傷気味」かもしれません。

スピリチュアルを語る前に、最も氣づいて頂きたいことは、モトモトの私たちは「神なる霊魂」だったということです。その霊的な魂が地上界に降りてきたのは、全ての生きとし生けるものを豊かにし、生育させて、命輝くような地球にするためであって、個人的な現世利益のためではなかったのです。

何かを欲しがる意識（エゴ）を、少しでも自分の中に「容認」した時から、アイを与え尽くす魂の存在ではなくなります。

「現世利益」を欲している時点で、もう魂の道から離れます。アレコレと欲しなくても、自らの魂の行為（＝アイの徳分）によって、必要な全てを授かることができるのに、真心から全てを行うという徳を積もうともせず（やるべきことをやらず）、真っ最初に「生き延びるためには？得をするには？」を考えている人がほとんどです。

その意味でも、世間一般のスピリチュアルの多くは、魂の道（神ながらの道）からズレているように観じます。本氣100％で魂の道を歩むことや、本氣で全体のために貢献しようという「神氣」が薄れている人が多いのです。

何も知らない人ならともかく、スピリチュアルを学んでいる人なら、「魂の向上と実践」こそ、何よりも大事なことだと分かるはずです。今後は、スピリチュアルというより、「魂の道」「霊的な歩み」という表現に変えたほうがよいかもしれません。

私たちは、魂の霊的な向上に比例して、全体・全員を幸せにする「霊力」や「秘術」を天から授かるのです。その「霊力」や「秘術」によって全体・全員を幸せにし、その「徳分」によって、自分もますます発展繁栄させて頂けるのです。

ところが、個人的な立場にこだわり、自分のステータスにこだわり、全ての情報や知識を自分のことだけに使う人がほとんどです。

色々な方が「意識」について語り、「意識が現実を創る」と表現しておられますが、それがもし「エゴ」とつながった意識であるのなら、全員にとっての幸せな現実にはなりません。エゴは、自分個人の幸せと豊かさが最優先で、他者や全体の幸せは「ついで」「二次的」でしかないのです。

私たちは、「エゴの意識」とつながるのではなく、「宇宙創造主の神氣」とのみつながることが必要で、創造主の意志と異なるものは二度と選ばないし、二度と行わないという覚悟が必要な時代に入っています。

スピリチュアルを発信する側の方々や、それを受け取る方々の意識が、「どの世界」「どの次元」とつながっているのか、そこが非常に大切になってくる時代です。
発信者名、著者名にとらわれずに、宇宙創造主の根本エネルギーである「アイの神氣」が入り込んでいる内容かどうかを、皆様自身が魂で精査しつつ、見聞きして頂けたら幸いです。

「アイの神氣」とは何かですが、「未来永劫、皆で共に栄えよう」という天の意志のことです。その意志が結晶化したものが「命」です。つまり、命そのものが、天の意志を叶えたいという欲求を初めから持っており、天の意志で生きている人ほど健康で豊かなのです。
アイの神氣は、何に対しても一切の否定がなく、寛大かつ寛容なバイブレーションです。特定の「個人の意識」を中心にはせず、全ての個人を超えた全体アイの意識です。

今のところ、世間一般の多くの方が、個人の意識で生きておられ、「自分の願い」に意識が向いているか、自分の人生だけに意識が向いています。「未来永劫、皆で共に栄えよう」という宇宙創造主の意志には、ほとんど意識をつなげていないのです。
宗教界やスピリチュアル界においても、個人の幸せ、個人の夢、個人の願いが最優先になっているものが多く、その意識に基づいて、「一体どうすればうまくいくの？」と答えをもらおうとするわけですね。

こういった自分個人の人生が良くなっていくことに対しては、アイの次元からのベストアンサーは来ないのです。「全員・全体」が調和して良くなっていくために、自分個人はどうあるべきか、そこに対してのみ「最善の答え」が来ます。


あなたの意識の「バイブレーション」が、その通りの現実を創ります。今までもそうでしたし、これからもそうです。ということは、いかなる種類のバイブレーションなのか、それが全てになります。根源のアイ（天のアイ）か、それ以外か、それで全てが決まるのです。

時々はアイで、時々はアイじゃない、こんな一貫性のない不純なエネルギーでは、皆で共に栄える現実など創れません。


私たちは、お金だけあってもダメ、健康だけあってもダメ、仕事の才能だけあってもダメ、人間関係だけあってもダメなのです。つまり、あらゆる全てが最善のバランスで「トータル・パッケージ」として授かることが「真の豊かさ」です。

トータル・パッケージでの「真の豊かさ」は、ご自分がアイ・バイブレーションを観じ続けながら全体貢献することによって創造されます。そして自らが受け取ります。

部分的で偏ったバイブレーションを放つなら、トータルなアイではなくなりますから、部分的で不完全な幸せしか創造できないのです。

お金だけ、健康だけ、仕事だけ、人間関係だけ、そういう部分的で偏ったフォーカスをしていると、「部分の発展」「有限の発展」だけを願うことになり、地球や宇宙の大調和を乱すのです。なので、お金のセミナーであれ、健康セミナーであれ、ビジネスセミナーであれ、その部分だけに意識を向けるようなセミナーなら、全てがトータルでうまくいくことにはならないのです。

私たちがそういう偏った意識（個人の意識）になるのは、アイではない「何か」につながっている時です。

私たちは、天や宇宙につながるとか、創造主につながるとか、簡単に口にしますが、真のアイにつながろうと思うなら、いったん今までの神々や古い神界とのご縁（氣線）を切ることが不可欠です。なぜなら、今までご縁があった古い神界そのものが、創造主のアイの意志からは相当にズレた世界だったからです。

自らの中心の「魂」だけが、真の創造主や真の神々にアクセスできるのです。とにかく今は、内なる「魂」だけを信頼するようにして下さい。

霊的な魂を生きることなく、ただ外側の現実だけを何とかしようとするようなサバイバル的な言動や生き様は、「古い神界」と癒着していたエゴの言動であり、アイからはズレていくばかりです。

ビジネスにおいても、「集客をするぞ！」というスタンスや、「お客さん、たくさん来て〜」「良い記事だから見て〜」といったような「欲しがる波動」を放ってしまうと、それは「古い神界」の神々との癒着をさらに強め、エゴを拡大するばかりです。

外側の人々に対して、「良いことだからぜひ見て」とか「良かれと思って」というエネルギーの「圧」もエゴの特徴です。「イイネのボタンを押して！」みたいなこともエゴの特徴です。外側をコントロールするのではなく、内側を何とかしていくことが大事なのです。

私たちは、自らの意識を完全に「全体アイ」へと切り替えていく時期に来ています。自分はアイの存在であると思い込んでいた方も、今までのご自分がつながっていた世界が、真のアイの次元（真の神界）ではなかったかもしれない、そこを改めて精査なさって下さい。

そのためには、自らの意識を切り替え、全体奉仕だけを自らの「永遠の志」とし、真の宇宙創造主に「つながり直す」ことが必要になるのです。つながり直すためのアクセス・コードが、本のタイトルにもなっている「I」コードです。

本を書くにあたり、「普遍的な真実」を沢山盛り込みたいと思い、説明も懇切丁寧にしたかったのですが、ページ数に限界があり、重要なポイントだけに絞りこまざるを得ませんでした。そこはどうかお許し下さい。

そのため、多少「むずかしいなぁ」と思う箇所もあるかもしれませんが、皆様自身が読みやすいところ、興味があるところからでも読み進めて頂けるなら、この上なく嬉しい限りです。

目次

第3章

本質からズレたスピリチュアルから「真のスピリチュアル」に生きる

第4章 全ては「新しい神界」の意識で創造していく

第5章 今、もっとも大切なことについて

第6章　あなたの「決意」の先に広がる世界

第7章 お金と「I」の関係性

第8章 「精神世界」を手放し「魂世界」へと旅立つ

第 1 章

神世の大変革の始まり

全てが新バージョンへ

この本を純粋に「普遍的な真実」だけの内容にしたいと願った私ですが、書き上げるには何カ月かかるのか全く見当がつかないまま、とにかく執筆しておりました。そうしたら、２０２３年の夏至の頃から、太陽・地球・お水に大変革の波が起こったのです。

宇宙的な規模でエネルギーが刷新したのです。そのため、大きく変化してしまった事柄に関して、大まかなポイントだけでもいいから先に書かせて頂こうと思います。

世間一般の多くの方々はご存知ないことですが、本当に、本当に、宇宙のエネルギーが大きく変わったのです。とてつもなく波動が上がり、愛と調和の本質が格段に強まりました。「大調和」のステージに入ったのです。まさに大和（やまと）です。

ということは、自らの中に隠れていた無数の強烈なエゴが見えてくることにもなり、その本格的な統合が始まる時代とも言えます。歴代の人類のカルマをも、自らのカルマとして引き受けていくほどのアイの覚悟も必要になるのです。

全ての物事は、先に「エネルギー」が動いてから、「現実」が伴うようになっています。今後、見える現実も大きく変わっていくでしょう。

実は、この物理的な現世は、神世のエネルギーの「うつし鏡」になっているのです。「うつし世」

なので、現世（うつしよ）と書きます。しかも寸分たがわず、です。

つまり、神世（神界）のエネルギーが先に動いてからでないと、私たちの現世（現実界）も動きが起きません。

すでに量子力学では解明されていますが、あらゆる全ては「一対で（ペアで）」共に動きます。対になっている片方が、ある方向に回転しようとすれば、もう片方の量子（素粒子・光子）も同じ反応をし、同じ方向に回転するのです。

物理的な距離がどんなに遠くても、そんなことは量子には関係がないのです。このミステリアスな量子の性質を、専門用語ではノンローカリティ（非局所性）と呼んでいます。神界が変化するのであれば、必ず現実界も変化していきます。

本格的なアイの時代は始まっており、「真の神界」の量子（素粒子・光子）は、同じ方向にスピンをし始めています。天も地も含めた宇宙全体の意識が、アイの方向にのみスピン運動を起こしており、相当な高速スピンになっています。それがそのままアイの現実界として現れるようになるのです。

今までのあなたの意識がどうであれ、たった今から「根本のアイ」に戻ることによって、アイのスピン運動を起こし続けることができます。コマまわしと同じで、高速スピンしているものは安定していますが、モタモタした回転のものは不安定です。ですから不安定な現実になるのです。

こんなことは普通では知ることができない情報ですが、2023年に入ってから、神界では「TOPの神」が完全に入れ替わりました。おいおい詳細を述べていきますが、今までの神界は、根源的な宇宙創造主の意志からは完全にズレた世界になっていたのです。神々の間でも色々なゴタゴタが起こり、宇宙創造主の意志の統一とは程遠い神界になっていたのです。詳細に関しましては、あとあと丁寧に述べてまいります。

ありがたいことに、2023年に入ってからは、急速に「みそぎ」が起こり、本来の「神界の秩序」が美しいパターンで整いました。ようやく神界（高天原）でのゴタゴタが一段落しましたので、やがては、地上界の「影のTOP」も変わることになるでしょう。

新しい現実界は、「現状維持」という概念を残さない世界です。現状維持（防御）をし続けようとする意識の方々は、新しい時代の流れには乗っていけません。

最低限でも、勝つための闘いや、ネガティブな意識や波動を広げない時代に入ったのです。「アイではないもの、ネガティブなものを発生させない」という時代に入りましたので、今までのネガティブな意識や感情からは完全に脱却して下さい。

ネガティブなことを言動し続けるなら、魂が壊れるだけでなく、命が削られていきます。つまり、病気になるか、否定的なアクシデントを起こすのです。

いまだに「個人的なこと」に浸り続けたり、何となくボ～ッとし続けたり、ただ迷い続けていては完全に取り残されます。もう、その古い4次元のゲームステージ（迷いと不安のゲーム）からは出て下さい。

ただぼんやりと「待っている」だけでは、皆が至福で生きられるような新世界には入れません。次元の扉は開いても、自らが魂としてのアイのボリュームを増やし、深め、喜んで「カラダを通じて」全体繁栄に関与していく実践経験を増やさないと、弥栄な新世界へは入れません。

意識がアイに戻っているだけでは、今までとさほど変わらない世界に生きるだけです。全ての方の魂を深く敬いながら、全体進化のために、喜びをもって自らの「身も心も」捧げるのでなければ、新世界には入れません。エゴにとっては、相当にあわてふためく時代になりました。

これからの新世界は、「魂のご縁」でつながりあい、「魂のご縁」で動く時代となります。今までのような「血縁」や「家族」や「人情」では、動かなくなります。

ということは、新世界（新時代）のゾーンには、お手々つないで仲良く（同じタイミングで）行くことはできません。魂の進み方にもよるからです。

そして、今回の人生で「魂の旅」を完全に終える人もおられますので、お互いの選択肢といいますか、お互いの魂の自由意志を尊重する意味でも、今まで自分がつないでいた手を、全ての人から「離す」必要があります。意識の手を放すのです。各自のタイミングで、４次元地球から出るためです。

手を放しても「真のアイ」は消えません。むしろ逆にアイは増えます。なぜなら「横の関係性」

の全てから手を放すと、あなたは色々な利害の関係性に引っ張られることがなくなり、自然と魂である自己を意識しやすくなり、真の自己が秘めているアイを発揮したいと思うようになるからです。アイは増えます。

今までは多くの方々が、無意識の不安や執着を土台にして、誰かと手をつないできました。もう、そのような不毛な「癒着関係」は解消することが求められます。大切な家族であれ、パートナーであれ、友人・知人であれ、氣の合う仲間であれ、意識の手を離す時が来たのです。魂の自己（＝神である自己）として、お互いに完全自立の時が来たのです。

だからといって、実際に別居するとか、交友を断つという意味ではありません。拒絶ではないのです。むしろ、今まではお互いを「操作支配」し合って、お互いを不自由な想いにしてきた可能性が大でしたので、「今まで本当にありがとう」という感謝の想いで、相手にプラグインしていた「癒着」を切っていくのです。

お互いが新しい世界への船出にあたり、感謝と祝福の思いでテープカットをするのだということです。これこそが、相手への「真のアイ」となります。癒着していいのは、自らの魂だけですから。

うすうす氣づいていらっしゃるとは思いますが、横の関係性のエネルギー・コードには、過去世からの感情的な「しがらみ」があります。そのしがらみがあるからこそ、今世でもご縁ができたのですが、本来はその「しがらみ」を解くためにこそ、再び出会ったのです。

過去世での、気持ちが「こじれて」別れた関係性、湿っぽい離れ方をした関係性、何かのはずみで嫌いになって拒絶したまま別れた関係性、ず〜っとストーカーしていた関係性、いずれにしても、良い悪いを問わず、あらゆる古い関係性のエネルギーの全てをハートに回収しましょう。癒着へのテープカットは、湿っぽさで行うのは御法度です。今までの全ての「横の関係性」を祝って感謝して、爽やかに喜びをもって切り離していきましょう。

もし、手を放すことへの不安や恐れが強く浮上したなら、今までの関係性がアイではなく、エゴの関係だったという証拠です。そして、手を放すことへの恐れは、エゴが仕掛けた罠でしかなく、絶対にお互いを自立したアイの関係にはさせまいとする罠です。癒着したまま、お互いを共倒れさせるための罠です。

そんな罠に引っかかることなく、恐れをハートで溶かしつつ「共に栄えていきましょう」というイノリのもとに、爽やかな歓喜でお互いが手を放していきましょう。

虚空&創造主

どんなに神聖なスピリチュアル本や、哲学書や、経典を読んだとしても、最も大切な「たった一つのこと」が理解されない限りは、いつまでも情報や知識に振り回されて、人生の軸が立たず、不安なまま過ごすことになります。私たちが理解すべき最も大切な「一つのこと」とは……。この自分自身を含めた「あらゆる全ての原点」は、虚空（こくう）から起立した「弥栄創造の意識」であるということです。この究極の真実が二度と葬られてしまうことがないよう、今から詳しくお伝えしていこうと思います。

私たちの本質はカラダではなく、「意識」です。「意識がありません」とか、「意識が戻りました」という表現があるように、「自分！」「私！」という感覚を伴う意識を抜きにしては、私たち自身のことは解明できません。では、この意識はどこから誕生したのでしょう？ どこが意識のルーツなのでしょう？

その答えですが、（あらゆる全てと同じく）私たち本来の意識のルーツもまた、虚空から起立した「弥栄創造の意識」だということです。

弥栄？ 創造の意識？ 何となく分かっている人も、全く分かっていない人も、あらためて自らの意識のルーツを知って頂ければと思います。

はるか昔、宇宙的な最初のビッグバンが起こる前、まだ何もかもが創造されていない頃、存在していたのは「たった一つの意識」だけでした。

その意識には形がなく、仕切りや境界線がなく、限界もなく、壮大かつ無限大であり、個々の意識（自と他）には分かれていませんでした。区分や分断がなく、全体一つの意識であり、全てを生み出して、さらに良くしていこうとする偉大な叡智そのものであり、最強で最善の意識でした。

それを、専門用語で「虚空」とか「空」と言います。古神道的には「零（れい）」と言います。

サムシング・グレートと呼ぶ人、大いなる源（ソース）と呼ぶ人もいます。それが私たちの意識の「真のルーツ」「根本中心」になっています。

私たち各自を端末パソコンにたとえるなら、虚空は巨大なスーパーコンピューターと思って頂いていいかもしれません。最近の量子物理学では「ゼロポイント・フィールド」とも呼んでいます。超意識場と言ってもいいでしょう。

ただ、ゼロという音の響きは、物理世界における「完全に何も無い」を意味する発音ですので、エネルギー世界における「無限や無尽蔵」という意味をあらわすのであれば、「零（れい）」のほうが、本来の弥栄なコトダマと言えるでしょう。

言葉そのものに良い悪いはありませんが、その性質を適切にあらわしているかどうか、そこは見極めていきましょう。

「虚空」という根源的な意識を定義しますと、あらゆる全ての「唯一の源」であり、物理的には何も無くて「空っぽ」です。

物理的には空っぽでも、全創造の素材としてのエネルギー（氣・叡智の光子・素粒子・量子）がいっぱいなのです。虚空には、まだ方向性が定まっていない無秩序のエネルギーが「てんこ盛り」であり、神氣（霊力）が満ちあふれていたのです。

虚空は、可能性を秘めた壮大な「無限の闇の広がり」と言えます。無秩序であるがゆえに、「特定の方向性」を与えるならば、そのように動くエネルギー場です。

私たちの意識のルーツである虚空それ自身は、最初はただくつろいで眠っていました。とても穏やかで、足りていて、幸せいっぱいでくつろいで眠っていました。あらゆる全てを備えている超意識ですから、枯渇感などなく、自らが超満足な「足りの状態」だったのです。虚空が「足り」の状態であったということは、そこに畳み込まれている私たちの意識も「足り」の状態だったということですよね。「欠け」や「不足」の意識ではなかったのです。ここは絶対に忘れて頂きたくないポイントです。

眠りの状態であった虚空は、沢山の「豊かな夢」「発展繁栄の夢」を見ていました。あんな豊かさ、あんな幸せ、こんな進化、全てのものが発展的に達成されていく……。その無限の喜びが走馬灯のように展開する様子にウットリとしながら、心地良く夢に浸っていたのです。そして、その「宇宙設計図」ともいえる夢に充分に浸りきって、夢が飽和状態になると、もう夢見るだけの「眠り」に飽き飽きしてきます。そして、とうとう虚空が夢から覚醒する瞬間が訪れました。虚空にとっての「自己覚醒」「自覚」が起こったのです。もう虚空というぼんやりした意識ではなくなり、夢を自らの外側へ放映して現実化させる（発生させる）という明確な意志を持った「全創造の意識」として覚醒したのです。

虚空が目覚め、その目覚めた意識が「創造主」「天の意識」として立ち上がった瞬間に、たった一つの意志（イノリ）だけが放たれました。

混沌として無秩序だったエネルギー場に、たった一つの「明確な方向性」が与えられたわけです。その方向性が「弥栄（イヤサカ）」の意志でした。

まさに虚空が「自分は何者か」を悟った瞬間であり、万物万霊の創造主として、「自覚」と「責任」が生まれた瞬間だったのです。

虚空の責任は、万物万霊の「発生」に関してだけでなく、「収束」する先も虚空ですから、収束にも責任を持っています。自らが生み出したものは、必ず自らが引き取る覚悟があるのです。

このようにして、混沌とした「無限の闇の広がり」であった虚空が、大調和した「無限の光の広がり」をビッグバンさせたのです。

「虚空」と「空（くう）」の微妙な違いを述べるとしたなら、無秩序で方向性が定まっていない「闇の広がり」の状態を虚空といい、秩序と方向性が定まった「光の広がり」の状態を空（くう）と呼んでいいかもしれません。あまり神経質にならず、ざっくりと覚えておいて下さい。

では、虚空の意志（宇宙全体の意志）である「弥栄」とは何でしょう？

「未来永劫（永遠）にわたって、皆で共に調和しながら栄えよう」という意志です。その意志だけが宇宙創造の原点であり、絶対的な唯一の天意（アイ）であり、普遍的な意宣り（イノリ）でした。私たちは完全に忘れてしまっていましたが……。

そして、特に皆様に覚えておいて頂きたいのは、創造主の意志には、「未来永劫」「永遠」という無制限の基準があったことです。有限の基準ではなかったのです。ここも絶対に忘れないで頂きたいと思います。

余談ですが、日本の「日」という漢字ですが、もともとは象形文字であり、「丸い円」の中に「点」がチョンと描かれていました。この象形文字の円が「虚空」をあらわし、中心点は「創造主の自覚」が立ち上がった様子をあらわしています。古代の人はちゃんと宇宙の真理をつかんでいたのだと思います。

話を戻します。虚空が目覚め、宇宙創造主としての自覚と責任が生まれましたが、これが私たち全員の中心にある「自分！」「私！」という意識の正体です。英語でいうと「I」です。あなたの中にも、Aさんの中にも、Bさんの中にも必ず「自分！」「私！」というリアルな実感（存在感覚）があります。

それこそが、「宇宙創造主の意識」と全く同じものであり、私たち全員の「真の中心」になっているのです！

ただし、この究極の「自分！」「私！」「I」という意識からズレて、自分が勝手に信じ込んだ自分だけを真の自己だと勘違いしました。そうやって「弥栄への奉仕意欲」を忘れてしまったために、私たちの意識は道に迷うことになっていったのです。

「聖なる双子」そして「I」

虚空は、あらゆる全ての発展繁栄がスムーズに達成されていく様子を、自らの夢（宇宙設計図）の中ですでに観てしまっていますから、全てが達成されて創造されていくことに対する「深い歓喜」が、ビッグバンする前からあったということです。

その虚空が宇宙を創ったのですから、宇宙のどこを探しても深い歓喜のアイだけしか存在しません。「中途挫折」とか「ジリ貧」とか「失敗の氣」とか「不安・疑い」などのエネルギーは無いということです。

あらゆる全てを必ず調和的に生育させていくような「発展と達成の氣」だけしか、宇宙には存在しないのです。

もちろん、その発展と達成の氣の「使い方」を個人的に間違えて、アイではないことに悪用してしまうなら、話は別です。不自然なエネルギーが個人によってつくられてしまいます。

ここまでを読んで頂いた上で、さらにお伝えしたいことがあります。虚空から目覚めて立ち上がった宇宙創造主は、ビッグバンの瞬間に、自らの意識を置くポイントを「二つ」に増やしました。これが「天」と「地」という2ポイントで、弥栄な創造のための「聖なる二分法」と呼ばれています。

天が「自ら」を二つに「分」けたので、「自分」と言うようになったのです。天の意識も自分、地の意識も自分です。聖なる双子です。

くれぐれも忘れて頂きたくないのは、決して二つに切り離して分断したのではなく、「つながり」を保って二つに増やしたのです。あくまでも細胞分裂のように「増やした」のであって、天と地の間に分断や隔たりはありません。エネルギー的につながっています。つながったまま、毎瞬、天の意志を地に降ろして、大きく現わそうとしているのです。

あとから本格的に述べますが、この「天」と「地」がエネルギー的に結びついている状態を「光の柱」と言い、これが「I」コードというものです。天の導きを地に降ろすための「結びの柱」です。

「天」というポイントは、創造主の弥栄の意識が置かれている原初のポイント（原点）のことです。あらゆる創造の「究極の中心」です。

天は、未来永劫の弥栄発展を意志し続ける（イノリ続ける）ポイントです。創造主の歓喜の波動を放出し続けるポイントです。その波動が実際に結実した様子を「観る」ためのポイントです。達観した神の視点です。

ではなぜ、「地」のポイントも創ったのでしょう？

それは天から地へ向けて、創造波動の「巡り」を次々と起こすためでした。たった一つのポイントしか無かったなら、エネルギーは動くことができません。「巡り」の状態が起きません。実りの状態も起きません。創造するためのエネルギーが巡り続けてくれなければ、発展繁栄が延々と起こることを不可能にします。

というわけで、「地」というポイントは、「天」から元氣に飛び出した創造エネルギーが「凝集して実る」ためのポイントです。

天から飛び出した歓喜あふれる創造エネルギーは、ス～ッと広がりながら、真っ先に「高次神界」という神々の次元を創造しました。そしてさらに地のポイントへと降りていきます。地に歓喜を増やしながら、ドンドン凝集していき、物理的な次元として地球を実らせました。地上に生きる私たちのカラダも、同じ仕組みによって「生命体」として実らせてもらっています。

宇宙創造の源である「天」、そこから生じた「地」、そして天地を結ぶ「I」コード、これが現実創造のための【三位一体】です。天・地・人（光富）とも言えます。

ここで、私たちのカラダについても述べていきますが、超古代の頃の私たちは、歓喜の創造エネルギーが結実した「光のカラダ」でした。それはまさに「霊体」であり「ご神体」だったのです。天の歓喜が増えて凝集することで出来上がった光のカラダは、漢字であらわすと「體」になります。

本来、光のカラダは「皆で共にもっと良くなろう！　そのためにお互いに貢献し合おう」という天意に従ってサクサクと楽に動けるカラダでした。

いちいち個人の思考を入れなくても、天の意に直結したカラダでしたから、打てば響くように「純粋な直観」で動くことができていたのです。

もともとは全てが創造主と「一つ」であったことを光のカラダはしっかり覚えていましたから、天の意志はカラダの意志とイコールであることを十分に分かっていたのです。素晴らしいカラダだったのです。


でも、この光のカラダに、アイではないもの、歓喜ではないもの、エゴの思いが混入し始めた時から、全てにおいてエゴの思いを使うようになり、アイではない言動や行為ばかりを繰り返していきました。

そうやって、低い波動のカラダになってしまいました。そんな低次のカラダを「身体」と書きます。今の私たちのカラダは「身体」のほうに落ちてしまったのです。

第２章

光の柱「I」コードの秘密

「I」コードの秘密

私が幼少だった頃の素朴な疑問、それは「動物や、鳥や、人がなぜ動けるのか？　動けるためのエネルギー電源はどこにあるのか？」だったのです。立とうと思えば立てる、座ろうと思えば座れる、それを可能にしてくれるエネルギーは一体どこから湧いてくるのか、なぜ湧き続けてくれるのか、あるいは乾電池のようなものが体内にあるのか、とても知りたかったのです。

私たちは「何」のおかげで動けているのか？　そして、カラダの中には「私！」「自分！」という確かな自覚（存在感）があるけれど、この自覚（存在感）の正体は何なのか？　そんな疑問ばかりが湧く子供でした。

やがてそれらの答えは、私自身がスピリチュアルな世界を追及していく中で、ようやく授かることができました。その答えの全てにつきましては、色々な側面を通して、可能な限り本の中にあらわしていこうと思います。

ある情報を、特定の決まった人にしか分からないようにしたものを「暗号」や「コード」と言いますが、２０２２年の夏のある日、「I」という暗号（コード）が急に舞い降りてきました。それを本のタイトルにしなさい、さらに表紙のデザインにしなさいとまで示されたのです。

かなりハッキリと見えた暗号「I」を何とかして紐解きたいと思った私は、丁寧に向き合ってみました。すると、今まで私が長い年月をかけて授かることができた「答え」を、あらためて確認するようなプロセスが始まったのです。

私たちにとって大切な「真の情報」つまり、人工的に何も改ざんされていない「天の叡智」は、「特定の周波数」の中に暗号化されて隠されています。宇宙がビッグバンした時の「アイ」という高い周波数の中にのみ流れているのです。宇宙的な歓喜の周波数です。

天の叡智には「神」の情報も「秘」められていますので、まさに「神秘」の情報といわれるわけですが、本当に大切な叡智であるからこそ、人間（自我）がどう頑張っても入手できないようになっています。エゴの周波数は、あまりにも天のアイと違いすぎてしまったからです。

つまり、私たちが「感情」のゾーンに浸っている波動状態なら、神秘情報の入手は無理であり、「観念・信念・思考」のゾーンに一体化していても、入手は困難です。

自然で穏やかなアイ（感謝・祝福・敬い）を、誰に対しても、何に対しても、常に心底から実感し続けていないのなら、何も入手できません。

「I」という文字の形をご覧下さい。

これを形霊（かただま）の側面から紐解きますと、上と下がちゃんとつながっている様子をあらわしています。「I」の上の部分は、最上・最高・最善の意識である宇宙創造主（天の意識）を表現しています。「I」の下の部分は物理的な地球です。「I」は、天と地を結んだエネルギーの

巡りの様子をあらわしています。

もう少し詳しく述べます。創造主の意識（一霊）が、まるで一条の光のスジのようになって地球へと降りている様子が「I」です。

創造主からの一霊、それは「皆で共に調和し、どこまでも栄えよう」という弥栄の意志であり、その意志が動いていることそのものが「命」や「呼吸」になっているのです。

その創造主の一霊（命、呼吸）の流れを、私たちは頭上からカラダの中へと授かっているのですが、まるで透明な「光の柱」のようになって確立されています。これが「I」です。

創造主から流れてくる一霊を中心軸にして、その周囲には四魂（魂の4つの才能）も配置されており、一霊四魂という光の柱になっています。一霊四魂につきましては、また別に述べていきます。

「I」は目には見えませんが、創造主の全ての叡智が注ぎこまれた歓喜あふれる豊穣の光の柱です。歓喜といっても、世間一般の方が思い込んでいる表面的な歓喜とは異なります。浮ついた歓喜ではなく、お祭り騒ぎのような歓喜でもありません。

高次のバイブレーションですので、深くて静かで伸びやかで、このうえなく平安で穏やかな歓喜です。**実はこれが「I」のエネルギー形態であり、私たち本来の存在状態なのです。**

そしてこの「I」を自覚する（実感する）ことを、私たちはずいぶん長いこと忘れています。

なぜなら、自分が何者であるかを忘れてしまいましたし、物理次元の粗い波動ばかりになじんでしまったために、高次のアイ・バイブレーションを実感する感覚をマヒさせてしまったからです。

アイを実感できなくなったのは、脊髄（せきずい）への感覚が薄くなっているからでもありますが、このように脊髄センサーを無視するようになったのは、人類がカラダのことを意識しなくなり、ましてや敬うこともしなくなり、個人的な自分の意識ばかりを優先する生き方になってしまったからです。

さて、「I」を言霊（ことだま）の面から説明しますと、「I」は英語でアイと発音します。アイは天意であり、愛であり、eyeでもあります。eyeは天の眼という意味です。

「I」は、英語での意味は「私」です。私（わたし）は「渡し」ですから、内なる魂の歓喜を外側へドンドン広げて渡していく働きのことを意味します。

さらに「I」は、数霊（かずたま）でいうなら数字の1でもあり、一つに調和して融合している様子をあらわしていますし、ワンネス、オンリーワン、ナンバーワンのことでもあります。

余談ですが、創造主の意志（天の意）のことを、昔は「天つ意（あまつい）」と表現しました。この「天つ意」が「あつい」の語源です。だから、創造主の意志は「あつい」のですね！

話を戻します。根本的な源との「つながり感覚」を、私たちがふと忘れると、天の意志（天意）

からは意識がズレてしまいます。天と地は一対ですから、あなたの意識が上の「天」からズレてしまうなら、下の「地」からもズレます。天地を結んだ光の柱「I」の感覚からズレてしまいます。

ズレたところには、エネルギーの大きな裂け目（ギャップ）ができてしまい、創造主のあつい目的・意欲・歓喜のアイを実感できなくなります。

そして、（ギャップ）ができたところには、個人的な「エゴ」が誕生していきます。自分だけの夢や願望や目的をつくって、好き勝手にやることを「自由」だの「自分らしさ」だのと勘違いし、個人の好き勝手にやり始めるエゴが誕生するのです。

そしてここで、他のところでは聞いたことがないであろう真実を申し上げます。ほとんどの方はご存知ないと思いますが、光の柱「I」が存在するのは、私たちの「内宇宙」においてなのです。

あなたがカラダの中の「内宇宙」に深く意識を入れるほどに、光の柱「I」につながり、柱の上部である「天」「創造主」にまでつながるということです。

真の創造主や、真の神々にまともにつながろうと思うなら、カラダの外側からは決してアクセスできないのです。神社に行くなどして、外側に神々を求めても、カラダの外側からつながろうとしていては不可能です。

「I」の仕組み（3つの丹田）

天からの導きを「縦糸」とするなら、それが「I」であり、その「I」から周囲全体に発するバイブレーションは「横糸」になるのです。私たちが、この縦糸と横糸のアイ・バイブレーションで美しい宇宙曼荼羅（錦絵）を描くことを、創造主はワクワクしながら、歓喜しながら、永遠に観察しようとしているのです。

魂である私たち全員が、そして、生きとし生けるもの全てが、虚空という「普遍的世界」から生まれている「尊い存在」であるということ、これが普遍的な真実であり、永遠の真実です。私たち全員が、「尊い」という永遠かつ普遍的な「価値基準」を授かって生まれてきています。この価値基準だけは、未来永劫にわたって忘れてほしくありません。

ところが、この基準を個人が勝手におとしめてしまうと、「尊くない」という概念が生じ、宇宙の本質からズレていきます。

いつからか私たち全員が「普遍的な真実」を忘れ、自他共に「尊い存在」であることを認めなくなったために、自らの尊さや神聖さという根源の本質エネルギーを見失ってしまいました。そして、自己否定や自己卑下の存在となって生きるようになっていったのです。そんな存在を「エゴ」と言います。

まずはあなたの中核の意識が、「尊さ」の価値基準を受け入れ直していくところから始めて下さい。モトモトは尊い存在だと自分で知っていたわけですから、モトモトの「尊い意識」に戻り、神聖な「創造主の呼吸」に戻ることが最優先です。

自らが自らを「神聖で尊い存在だ」と認めて、自己を高めることをアイ（愛）と言います。

ただし、意識だけで自分をアイにまで高めようとする人もいますが、これは無理な話です。「自分は尊い存在です」「自分は素晴らしいです」「自分は光の存在です」と、何万回アファメーションしても、必死に思い込もうとしても、何の役にも立ちません。尊いという「感覚」をカラダに結ぶ必要があるのです。その結び方を今から述べていきます。

………………………………

1、「かけがえのない尊い存在である」ことを、先ずは知識としてでもいいから理解して、その「理解」を創造主の呼吸（穏やかなアイの呼吸）をしながら、頭（上丹田）におさめて下さい。普遍的な真実の理解、しっかりと上丹田におさめて下さい。

2、次に、「自分自身がとても尊い」という感覚を、創造主の呼吸をしながら、ハート（中丹田）の中におさめ、じっくりと丁寧に実感して下さい。

3、その上で、初めから尊い存在である自分自身として、「他の尊い存在を、ますます祝福して底上げしていきます」という意志を確立して下さい。これが弥栄発展に誠を尽くすという決意なのです。その決意を、創造主の呼吸をしながら、しっかりとハラ（下丹田）におさめましょう。

…………………

以上は、上丹田、中丹田、下丹田の「真の活用法」です。必ず「創造主の呼吸」を使わないと、天からのエネルギーが丹田に確定されません。

この3つの丹田にアイが確定されると、光の柱「I」が強烈に輝いて、パワフルになります。3つの丹田におさめたものは、「創造主の呼吸」を用いることで、やっと「揺るぎないもの」に確定されます。こうやって本物の光の柱「I」が立つことになります。

今までのスピリチュアルは、意識だけをアイに高めることばかりが強調されてきました。でも、「意識」だけではなく、「呼吸」もアイへと切り替えていって下さい。

もっと丁寧に言うなら、人としてのアイの意識になるのではなく、「創造主のアイの意識」に切り替え、人としての呼吸ではなく、「創造主のアイの呼吸」に切り替えて下さい。

呼吸という概念も、一般的には「深呼吸して、落ち着こうね」という単純なレベルどまりになっていますが、実際にはもう一段階深い意味があるのです。呼吸は、創造主との関係性そのものなのです。

光の柱「I」においては、創造主の光の呼吸（豊穣の流れ）が集中するポイントがあり、それが丹田です。先ほど書きましたが、大きく分けて、上丹田、中丹田、下丹田の３つです。

「上丹田」は、松果体のあたりですが、天の叡智やヒラメキが宿る場です。

「中丹田」は、ハートのあたりですが、創造主の普遍的なアイと共に「魂」が宿る場です。

「下丹田」は、おへそから５㎝くらい下、背骨に向かって５㎝くらい奥のあたりですが、創造主の意志を行動に移すエネルギーのポイントになっています。この３つのポイントのつながりによって、光の柱「I」が成り立ちます

「私」……とは？

子供の頃の私は、常に疑問だらけで生きており、特に「私とは？」という疑問は、いつも頭から離れることはありませんでした。カラダは自分そのものではないと分かっていましたが、存在の感覚といったらいいのでしょうか、「何かが」カラダと共に居る感覚、その正体が知りたくてたまらない子供でした。それはどうしようもなく抑えがたい欲求で、すでに幼少期からスピリチュアルな探究が始まっていました。

「私」とは何者か？　その答えですが、ようやく腑に落ちる答えを授かることができました。それは人間界の辞書にあるような「私」に関する説明を超えているものです。そして実にシンプルな表現だったのです。

私＝魂＝「I」

もう20年も前に、量子物理学を学んだ方から教えてもらった「答え」がソレです。その後、さらに詳細な普遍的な真実を極め尽くしている「今の師」に出会い、以前の答えよりさらに奥深いところを悟ることができました。

4次元地球では、皆が口々に「私」と言う表現を使い、自と他に分かれて勝手に優劣をつけています。でも、自他と言うのはあくまで「目印」として分かれているのであって、本来そこに質や重要性の違いはありません。

天地を結んだ光の柱「I」のみが真の私であったのに、「Iam誰々」という狭い認識に自己が限定され、「誰々」という認識に閉じ込められてしまったのです。

Iam山田花子、Iam主婦、Iamビジネスマン、Iamセラピスト、Iam医者、Iam美人、というように……。

つまり、私という存在は、Iamのあとに続く「誰々」のことだと思い込んでしまったのです。

この「誰々」の部分を「エゴ」と言います。

人間界では、カラダを持った単独個人である「誰々」のことを私だと思っていますが、この端末としての個人をずっと深く深くさかのぼっていくと、たった一つのルーツ（根源）にたどり着きます。真の私に到達し、創造主のアイに到達し、唯一の意志である「弥栄」に到達します。

そこが源。そこが天であり、創造主。私たちは「天」と再結成する必要があり、自分自身の内側を深くさかのぼっていかねばならないのです。今は「皆」で「たった一つ」のルーツに戻って、零（レイ）からの仕切り直しなのです。


ところが、世界中には「たった一つ」どころか、色々な宗教があり、スピリチュアルな派閥がたくさんあります。必ず教祖やリーダーがおられて、彼らをあがめる信者や、あこがれて慕うだけの信者や、そこの理論展開をあがめる信者によって成り立っているものがほとんどです。そのせいで、「たった一つ」のルーツに皆の意識が戻れないようになっています。


とてもありがたいことに、特定の教祖やグルがいない「純粋な古神道」では、宇宙の真理や自然界の真理がそのまま普通に表現されており、私たち全員がもれなく「霊的な存在」であることや、「神なる魂」であることが書かれております。

とはいうものの、古事記でさえも、いつかどこかで、誰かの手によって都合よく改ざんされ、削除された部分もかなりあるようです。

学術的に証明することは不可能ですが、「私たちは神なる魂である」ことは間違いありません。この本もそこがベースになっており、「私たちは人間だ」と思い込んでいる方にも、何らかの氣づきの「くさび」を打ち込むことができたらという願いが込められています。

世界中に色々な宗教がありますが、「私たち全員が、神々から直接に産んでもらった魂」ということを伝えているのは古神道くらいです。他の宗教の多くは、創造主や神から創られた存在（被創造物）というスタンスなのです。

創造主や神々の「内側」から直接に産んでもらった存在であることと、創造主や神の「外側」に創られた存在（被創造物）であることとの間には、雲泥の差があります。

創られた存在である限りは、創造主や神々とは「同じ位置に立つ」ことができないのです。創造主か神々から「直接に」産んでもらった存在であれば、実の親の本質（親の能力）を全て丸ごと授かっていますから、私たちが魂として成長することで、創造主や神々と「同じ位置に立つ」ことが可能になるのです。

とはいえ、神という存在に近づけるように頑張って修行することが目的ではなく、私たちは初めから神なる魂そのものであることをただ思い出して、自覚して、究極の親である創造主のように弥栄発展のために貢献して生きる、それが人生の目的であり、この地球でのご奉仕なのです。

シンプルに言いますと、宇宙をビッグバンさせた「創造主」がおられて、その創造主が高次神界を創って「神々」を産み、その神々が「私たち魂」を産んで下さったということです。

この本を書くことにした理由の一つは、「私たちは創造主の御子としての魂である」ことを思い出して頂き、その魂が地上界でカラダを持つことによって、天と地を結んだ光の柱「I」という壮大なバイブレーション存在になっていることを、ご理解頂きたいからです。

知識だけにとどめず、光の柱「I」そのものとして本格的に生き直す方向に切り替えて頂きたいと願ったからです。

意識を「創造主のアイの意識」に切り替え、呼吸を「創造主の呼吸」に切り替えて下さい。自分自身の存在基準を、創造主へと一氣にシフトするのです。

「私たちは人間だもの」という世界中の共通認識があります。それが集合意識になっています。でも、それについて何の疑いも持たず、普通に人間の意識で幸せに生きていける人であれば、「葛藤」「迷い」が生じません。ですから生命エネルギーに無駄がなく、たとえ自分勝手に好きなように生きていても、エゴイスティックに生きていても、それなりに幸せなのです。

神なる魂という認識などに全く興味がナイ方や、完全に人間意識のままで生きている方は、こういった真実を知らないほうが、逆に葛藤が少なくて済みます。

ですので、普通に楽しく生きている方には余計な話はしなくてもいいと思っています。なまじっか真の情報を得てしまうと、生き様を100%変えない限り、苦しくなります。そして、色々な講座を渡り歩いて、知識や技法だけを増やしても、生き様が切り替わっていないと、生命エネルギーはますます下がっていきます。

光の柱「I」からの国づくり

光の柱「I」なくして、私たちは何も授かることができません。アイと喜びに満ちた情報、氣づき、アイデアを、「脳」はどこから得ていると思いますか？　新しいDNAをどこから得るのでしょうか？　それら全部、創造主の命が降りている光の柱「I」から授かるのです。

ところで今、一部の金融エリートたちやダークサイドの存在は、必死になって「マネー」を徴収する最後の悪あがきに入っています。彼らと「同じ世界」「同じ地球」に住んでいる意識になるだけで、全て持っていかれますので、彼らがいる4次元地球から意識を外し、5次元の新世界にあなたの意識を入れて下さい。

では、その5次元世界（神界）はどこにあるの？

あなたの内宇宙において、今から「開国」していくしかないのです。言うなれば、あなた自身の内なるエネルギーによる「国づくり」の開始です。

創造主から授かっているアイの氣を、あなたのハートの奥の「内宇宙」にて実感しつつ、ますます楽しく巡らせ続けることによって、先ずは内側に「5次元の国づくり」をするのです。内なるビッグバンです。それが私たちの「5次元の神界」であり、ダークサイドの手が届かない領域です。私たち自らが「内なる神界」を開国し、そのまま外側に広げて、地上界を5次元神界へとシフトさせていくのです。

内宇宙には光の柱「I」がありますが、それが本当の天（創造主）へのアクセス・コードになっています。そのアクセス・コードにおいて、私たちが「アイの呼吸」を継続していくなら、天の情報（創造主の叡智）が次々とダウンロードできるシステムになっています。いかに光の柱「I」が大事か、分かって頂けましたでしょうか？　内宇宙の光の柱には、天のアイ以外のものは絶対に入ってこられません。ですから皆様には、その聖域に意識を置いておいて頂きたいのです。

どうしても必要がある時に限ってですが、私が世間一般の人々の存在エネルギーを観じてみることがあります。そして、つくづく分かることがあります。

その人たちの光の柱「I」にフォーカスすると、残念ながら、ほとんどの方が光の柱「I」を忘れ、柱からは意識がズレており、柱としての実感を全くされていないことに氣づかされます。

私から見ますと、そういう方々の姿は二重構造で「ダブって」見えるのです。ピンボケの写真のようになっています。

世間一般の方は、自分が思う自分自身だけを「これが私よ」と思い込んでいるため、そこに意識が集中しすぎて、天地とのつながりである光の柱「I」には意識が行かず、「I」は完全に消えかけて薄くなっています。

「これが自分だ」と思い込んでいる部分が強すぎて、その自分のことをずっと手放せていないのです。

「I」の実感よりも、今までかんじてきた「通常の自分」への感覚のほうが全面的に前へ出ており、光の柱「I」とは完全に分離しているのです。

本当は、光の柱「I」が「真の自己」であり、魂の軸なのですが、過去世からずっと命がけで創り上げてきた「これが私よ」とやらが強烈に自己主張していて、ある意味で固定化したクセを持った自分ですが、そこがなかなか頑固にカラダの中に居座っています。「これが私よ」というエゴが昇華（浄化）されていないのです。

たとえそれがエゴだという真実を知ったとしても、「別にこのままの自分で構わないし」と開き直って、光の柱「I」には戻らない方も多いかもしれません。その自分として行けるところまで頑張って突っ走るのかもしれません。あるいは諦めてノロノロ行くか、どちらにしても、光の柱「I」に戻る氣はないのですね。

ですが、真の自己ではない者がどう頑張っても、今後もずっと苦しいだけです。早く真の自己に戻り、才能を発揮し、全体繁栄に貢献して頂ければと願っています。

過去において、自分では良かれと思って、それなりに素晴らしく仕上げてきた「現在の自分」その自分を完全解体することは、創造主も望んでいることであり、最高の浄化なのです。

そして最高の浄化の前に、することがあります。「これが私よ」という通常の自分と一体化したままでは、その自分を浄化できません。

ですから、「これが私よ」と思い込んでいる、まさにその自分から意識を抜いて下さい。光の柱

「I」が本当の自分だという真実だけに徹底的にフォーカスしていくのです。

今までの「これが自分だ！」と思っているところから、意識だけでなく、カラダも連れ去ると決めて、心身ともに光の柱「I」へと戻ってしまうことです。そうすると、ようやく「これが私よ」という固定的なエゴを解体できて、固定の苦しさから解放してあげられます。

光の柱「I」に身も心も完全一体化する、これが「神あがり」の第一歩ですが、最初はそれを決意することに少し勇気がいるかもしれません。

今までの自分への安心感、今までの自分へのなじんだ感覚、そして今までの自分を見捨てる感じや、今までの自分と離れたくない感じなどが沢山湧いてくると思います。

でも、見捨てるのではなく、あなたが真の自己である「I」に戻らないと、今までの自分を完全に救い上げることが不可能です。そのほうが自分を見捨てたことになります。

アイの巡り（創造法則）

アイ、これを漢字に変換しなさいと言われたら、ほとんどの方は「愛」と書くのではないでしょうか。でも、本来のアイという響き（発音）を、日本のコトダマ的に解明してみると、「ア」は天や宇宙を意味し、「イ」は意志や意図を意味します。**アイという発音を漢字に変換するなら、**

「天意」になるのです。天の意志・天の意向・宇宙の意志のことです。

宇宙創造主の意志（天の意志）、それはたった一つしかなく、「弥栄の意志」と呼ばれています。「あらゆる全てを大調和させつつ、どこまでもより良く発展進化させよう」という意志です。決して鼻息荒く、前のめりで強行突破するようなバイブレーションの意志ではありません。穏やかで、静寂で、伸びやかに広がっていくような意志です。

この天意が、私たちの魂の意志にもなっています。弥栄の意志を地球で実践して生きる人は、アイのスタンス、魂のスタンスにいる人といえます。全てと大調和しつつ、共に栄えようとするのが魂の生き様です。

ここぞという時に、たとえアイの生き様をするのが自分一人だけであるとしても、率先してアイへ突き抜けるぞという覚悟があるのが魂です。

未来永劫にまで続く「創造主の意志」のベースになっているのは、あらゆる全てへの無条件の愛です。ですから私自身は、「愛」も「天意」も両方の意味をまとめて「アイ」と表記するようにしています。

天意であれ、愛であれ、全てをさらに良くするエネルギーです。天意であれ、愛であれ、いつも無条件です。

無条件のアイという言葉そのものはどこかで聞いたことがあるかもしれませんが、なかなか明確な説明がむずかしい言葉です。ですから、逆に「アイではないもの」を説明することで、アイが理解できると思います。

アイではないもの、それは一体何のことでしょうか？

ズバリ言いますと「ジャッジ」「裁き」「否定」「妄想」のことです。それによって、全体性のつながりから切断された状態（愛ではない状態）になります。

私たちは、いつからか自分のバイブレーションが愛ではないものへとゆがんでしまったことに関して、もっと危機感を覚える必要があります。そして、モトモトの愛の波動に戻す必要があります。

あらゆる全てへの無条件の「愛」がベースになっていないのに、あらゆる全てを底上げし、より良くしていくという「天意」を実行できるはずがありません。

現代では、スマホを見る時間が長いことからも分かるように、一般的には「視覚」に頼って情報を得る割合が多くなっています。そして、私たちが「ジャッジ」「裁き」をするのは、なんと「眼球のガラス体」においてなのです。

結果として、目の奥には「個人的な感情エネルギー」が創られます。その荒々しくて粗雑な感情エネルギーが、「自らのバイブレーション」となってしまい、精妙で繊細なアイではなくなるのです。

ですから「眼球で」現実を直視することをやめる必要があります。「脳の後頭部の上位」に意識を置いて、パノラマ的に観るようにしましょう。魂の視点へとシフトでき、あらゆるものの「奥行き」を観ることができます。あらゆる全ての「真価」を見抜くことが可能になるのです。眼球で見るだけですと、表面的なもの、うわべのカタチしか見えません。

東洋古典のなかで、特に代表的な九つの経典がありますが、九つを総称して四書五経（ししょごきょう）と言います。そのうちの一つの中に、アイ・エネルギーの説明があります。

シンプルに要約しますと、アイとは「ジャッジが全くないエネルギー」であり、個人の感情や観念になる前の、純粋な「弥栄創造のエネルギー」ということです。全ての発展は、この歓喜でいっぱいのアイ・エネルギーが基本要素です。

アイは、世間一般でいうところの愛情や恋愛のような感情エネルギーのことではありません。個人の色（特色）がつく前の、無色透明なエネルギーです。個人的なものが何も入り込んでいない「純粋な弥栄の意志エネルギー」です。宇宙の全て、そして万物万我を創っている「精髄《せいずい》」のことです。アイは創造主の宣言（イノリ）ですから、私的で主観的なエネルギーではなく、公的で客観的（達観的）なエネルギーです。

光（素粒子など）を集めたり、解散したりするのも、アイによってです。叡智が運ばれるのもアイによってです。天の意であるアイが運ばれていることによって、全てが創造され、進化します。あらゆる全てが創造主のアイを受容することで生きていられるのです。そして、私たちが

「尊い」のは、アイの存在だからです。

古代からのハート瞑想（祀り変え）

以前のことになりますが、私がオンラインでの瞑想会を始めた頃のことです。講演会やセミナーにおいては、ほとんど緊張することがない私ですが、なぜかオンラインの瞑想会になると「過緊張」になっていくのです。でも、それを改善できた方法があります。色々なシチュエーションで緊張する方や、ついつい身も心もフリーズしがちな方の参考になればと思います。

まず、緊張や感情を何とかしようとせず、それらの「そばにいてあげる」と思って下さい。「そばにいてあげる」と決めるだけで、そこには大きなスペースができます。余裕（ゆとり空間）ができます。「隣にいてあげる」と決めているので、一体化して振り回されることも起きません。カラダが硬くなったり、心地悪くなったり、心臓がバクバクしたり、ちゃんとしなきゃという思いになったり、どうしようと考えたり、色々なことが内側で起きますが、その緊張や感情をそのままでいさせてあげて、ただ寄り添ってあげる……。そうすると、それらはみな、「今ここ」という大きな空間の中に優しく抱きとめられていきます。本当にそうなります。「今ここ」という空間は、宇宙創造主の「ハート空間」なのです。

緊張だけでなく、「アイではない自分」に気づいたなら、先ずは否定することなく、「そばにいてあげる！」と思って下さい。そのあとに、もし、癒しが必要だと思えたなら行って下さい。

「今ここ」という大きなスペースは、創造主のハート空間なのですが、何もかもを内包しているがゆえに、一切の枯渇感がない満ち足りた安心スペースです。ちなみに、私たちのハート空間も全く同じ本質なのです。

「緊張さん（エゴ）」と「寄り添うアイの自分」、この双方ともが「今ここ」という大きな空間の中に抱きとめられていくと、双方に余裕ができます。安心感も出てきます。

これでもう充分だと思うかもしれませんが、それだけでは「緊張さん」の完全な癒しにはなっていないのです。緊張エネルギーそのものを、もともとのアイにまで完全に祀り変えてあげないと、いったんは安心してゆるんだ緊張も、いずれまた出てくるからです。

癒しをするにしても、何をするにしても、寄り添う側である光の柱「I」の自分と、「エゴ」の自分の双方ともが、創造主の空間である「今ここ」に居ることは大事なのです。

そして、「今ここ」の空間に支えられながら、今度は光の柱「I」であるあなたのハートに「色々なエゴ」をおさめて下さい。（ハートの扉は必ず内側に開いた状態です）

その上で、「I」としてのあなたは、創造主の呼吸を穏やかに続けましょう。浅い呼吸になって苦しんでいるエゴが、創造主のアイの呼吸に共鳴するまで待ってあげて下さい。

やがてエゴに変容が起きます。本来の創造主のアイの呼吸に共鳴し、アイの存在へと祀り変えられるのです。祀り変えることができたら癒しの完了となります。

世の中にある多くの「ハート瞑想」が教えていることは同じです。アイではない苦しい思いや感情のエゴを「ハート」に吸収させなさいということです。ハートは光の柱「I」にしかありません。


そして、光の柱「I」のハートには、アイではないものをアイに変容させて癒す力だけでなくもっとスゴイ「神秘の働き」が隠されています。

どういうことかと言いますと、あなたの毎日の出来事の全て、毎日の自分の全て、起こった事象の全てを、良いとか悪いというジャッジをせずに、アイの呼吸のままでハートに受け入れていくと、「今までの古い全て」が死んで、「さらなる素晴らしい全て」へと自動的に新生するのです。まさに全ての物事が全て「祀り変え」となるのです。これが弥栄創造の秘密、発展繁栄の神秘です。このハート瞑想、本当にすごいと思います！


今はまだ、ハートが閉じている方も当然いらっしゃると思いますし、開ききっていない方も多いかもしれません。ただ、どなたにも知っておいて頂きたいのは、ハート空間というものが、実は本当に大きいということです。大きくないと思い込んでいるから、そのように実感してしまうだけです。

密度が濃いカラダと違って、ハート空間は密度が薄いため、大きく膨張させて拡大できます。アイ・エネルギーを大きく実感することで、肉体を超えてまで大きく広がっていけます。そして、宇宙空間とも重なるくらいに大きくなります。そうなると逆に、ハート空間のほうが、カラダを丸ごと包んでしまい、カラダを養うことができるのです。


この限界がないハートの大きさを今は意識していただいて、そして過去にご自分のハートの中から締め出したものを全部、もう一度あらためてハートの内側におさめ直していくことを意図して下さい。良いも悪いも全部おさめ直していくということをやって頂きたいと思います。

人、物、出来事など、あなたが拒絶して締め出した全てを、ご自分のもとに招集するのです。エネルギーが戻ってくると、あなたの光の柱「I」が、さらにパワーアップします。

「I」を通じて現実空間が発展する

もしかしたらあなたは、一般社会や現実世界というものが「あなたの外側」に確固として存在していると思っているのではないでしょうか。あなたはその現実の生活空間（人生空間）にどうしようもなく「幽閉されている」、そんな不自由さや、制限された感覚を感じているのではないでしょうか？　まるで仮想ゲーム空間にでも入り込んでしまったアバターの感覚に近いのではないでしょうか。

だから、時として「こんな地球はいやだ」とか、「辛い」などと思うのではないでしょうか。

歴史的にも相当な昔から「今の今」に至るまで、現実世界はずっと引き継がれて存在し続けているのだから、そんな壮大な歴史的な現実世界に対して、非力な自分では何も変えられないと、そんなふうにあなたは考えてきたのではないでしょうか。

もしあなたが、この思い通りにならない現実的な人生空間に「幽閉されている」という感覚があるのでしたら、ある意味それはその通りです。一部のダークサイド存在が、実際に4次元地球の直線時間軸を創りましたし、その中に人類の意識を幽閉したのは間違いないからです。

でも、あなたの意識が直線時間軸から自由になり、自らの光の柱「I」を中心にして、未来永劫の（永遠の）上向きな意識で生きていくならば、制限や限界のない「人生空間」を創っていくことは普通に可能なのです。

ダークサイド存在が創った4次元地球は別として、直線として継続しているような時間など宇宙にはナイのです。あなたがそう思い込むなら、そのように見えるかもしれませんが、真の時というのは直線ではなく、「点」なのです。一瞬一瞬という点が、全く異なる別の現実空間をあらわしていくだけです。

私たちは光の柱「I」ですが、何よりも先に「I」があるから、色々な「空間」が次々と創られていくのです。真の意識である「I」が、実際の現実空間より「先に」存在しなければ、いかなる現実も開くことができません。意識が先なのです。

「I」がエネルギーのトーラス（巡り）を起こすことによって、実際の現実空間がどこまでも発展的にずっと創られていくのです。このことを物理学では「座標系」と表現します。そして、創られた座標系の中に、次々と他の物質的なモノの場が開かれていくのです。テーブルの空間場、椅子の空間場、テレビの空間場、スリッパの空間場、壁や天井という空間場が開かれていくのです。

このように、あなたが見ている人生の現実空間は、それぞれの物体の空間が幾重にも重なってダブった状態です。

もともとは創造主が、壮大な現実空間をずっと開き続けてくれていました。そこに私たち「I」がさらに感謝・祝福・賞賛・敬いを加えることで、創造主が開いた空間のアイはますますボリュームが増えて、栄えていくことになるのです。これはまさに、創造主と私たち「I」とが、共同で現実創造したということなのです。

次々と創造主が開き続けてくれる全ての日常空間に対して、常に感謝の思い（ありがたみ）を感じ、祝福をすることが、いかに私たちにとっては大切なことなのか、分かって頂けたのではないでしょうか。

宇宙本質の一部をあらわしている量子物理学では「バイブレーションを観じると（観察すると）、はじめて粒子になる（光になる）」と言われています。ただし、バイブレーションがあっても、私たちが「観じていない」ときは粒子化しません。つまり「現実化・物理化」が起こりません。

このことを分かりやすく身近な例で言いましょう。

たとえばあなたが自分の家にいて、その後、あなたが家を出て買い物に行ったとしても、家はずっと有ると思っていませんか？

でも本当は、あなたが家を出ると物理的なカタチとしての家は、この世には残っていないのです。もうあなたが家を「観察」していないので、家はファジーな「波動」に戻ってしまうのです。カタチというものは、記憶の中に残るだけです。

そしてあなたが買い物から戻った時、記憶の中に残した自宅の家のカタチを観察する（観じる）ことを通じて、いつもの家が目前に現れるのです。


この「観察すると粒子化（現実化）する」という量子物理学を、「個人的な願望の現実化」に使う人が増えています。

個人的に好ましい様子をアリアリと観察し、現実化させるという、いわゆる「引き寄せの法則」ですが、アイからズレた法則を使っており、魔術的な現実創造です。エゴの呪術であり、個人的な念力です。そういう個人的な好みからの観察のことを私は「偽の観察」と呼んでいます。


氣分を害されるかもしれませんが、各自が「良かれ」と思う勝手な夢をえがき、勝手なタイミングで現実化をしていくことは、「共に調和して栄えよう」という天の意志をジャマすることになるのです。どんなに個人的に「良かれ」と思う夢であっても、天のオススメを度外視して望んでみるとか、イメージを描くのであれば、天の意をジャマするのです。

量子物理学でも言われていることですが、「個人による観察」は「個人的な現実結果」を創るだけです。つまり整合性のない「バラバラの現実」が起こってしまい、全体との「調和」が取れません。

創造主は、そんなちっぽけな個人願望の限界を超え、あなたが想像さえできない幸せな現実、つまり、「誰にとっても幸せな現実」の創り方（真の観察）を教え、私たち全員に実体験させてあげようとしています。

どうしたい？　どうなりたい？

私たちは、一瞬で落ち込めるのだから、一瞬で最高の笑顔に切り替えることもできるのです。特別なキッカケなどなくても、私たちは瞬間で波動的に変われます。自分が「そうありたい」と思うなら、たった今、「無条件で」そのように決めて切り替えるだけのことです。自分自身の波動を変えない限り、現状も変わりません。

ですから、エゴを溶かして癒したいと思うなら、そう決めて、そうするだけのことですよね。自分の雰囲気（＝波動）をあらためたいなら、ただあらためるだけのことですし、元氣でいたいなら、ただ元氣になればいいだけのこと。悩み続けたいなら、そうすればいいだけのこと。グダグダ言いたいなら、そうすればいいだけのこと。だって、やりたいのでしょう？　どうせやるのなら、罪悪感は不要ですね。「意識的に」楽しんで下さればいいなと、私は本氣でそう思っています。そのほうが「やっぱりこれは楽しくない」と、早く分かるからです。

どんな波動にでも一瞬で自分が変われる、このことを普通のこと（当たり前のこと）にして下さい。どうしたい？　どうなりたい？　自分に問いかけ、自分で「波動」を決めて、「一瞬で」そうなり、そうするだけです。

天地が望むこと、それは創造主や神々が望んでいることですが、「アイ（敬い・感謝・祝福）を観じて、大きく広げて！」と望んでいます。「どんどん内側で観じることで、どんどん広げて増やして！」と望んでいます。

私たちが日々それを実践しているとき、天地は喜びます。深く歓喜します。その歓喜がまた自分に巡ってきて、自分の中にさらなる歓喜が増えていきます。

あなたが何をしていても、最終的な結びは「魂のアイを広げること」だけです。これが宇宙の中心の想い（天意）であるから、そこから外れる場合にエゴが発生します。アイを広げていない時に、あなた自身によってエゴが創られていくのです。

そして、アイを広げていく時に、譲れないポイントがあります。必ずハートの扉は内側に開くという点です。外側に開く人は、エゴの攻撃性が出ることになりますから、感謝や敬いといったアイの感覚が分からなくなり、アイを広げることができません。

「私には今一つアイが分からない。観じられない」と悩む方は、ハートの扉が外側に開いているからです。他者を拒絶し、受け入れたくない意識の人の特徴です。

あなたの昨日は、アイや敬いを広げた一日でしたか？　もし、そうでないなら、「自分の好み」を広げただけで終わっています。

自分の好みの流れだけを創り、それを人生にしていく生き方が悪いと言っているのではなく、天地が望む生き方をしないことが問題だと言っています。それが宇宙の「ひずみ」だからです。「天地が望む生き方」をしないときに、ひずみが生じ、現実的な問題やトラブルが発生するのです。もしあなたが、アイや敬いを「常に」広げ続けて生きていたならば、何も変なことは起こらなかったのです。

私たちは「創造主の呼吸」をし、「創造主のアイ」をずっと広げ続けるために今ここに存在しています。それが魂の神業です。神業を成就すること以外、皆で共に栄える地球は創れません。植物や樹木たちは、それを嬉々として行っています。だから、あんなに元氣で、あんなにイキイキしているのですね。

こんな大切なことがスピ業界ではほとんど語られていません。私たちがアイというエネルギーを大きく広げていく魂であるという真実も、あまり語られていません。

たとえ、私たちが神であることを頭では知っているとしても、神としての生き方（天地が喜ぶ生き方）を徹底的に提案し、カラダで実践している人は本当に少ないようです。

「アイを広げるなんてことは、食べていける余裕がある人だけ」というような思い込みでもあるのでしょうか。実は、全く逆ですけれど……。

アイを広げていないから、エネルギーが収束し、食べていく余裕がなくなるのです。

第3章

本質からズレたスピリチュアルから「真のスピリチュアル」に生きる

能力開発を求めるなかれ

世間一般では、能力開発や才能開花をうたったセミナーや講座がたくさんあります。自己啓発セミナー、能力開発セミナー、サイキック養成講座など、かつての私はそれらに魅力を感じ、アレコレと講座を渡り歩いた経験があります。

そのどれもが悪いものではなかったのですが、終わってしまうと、達成感はあるものの、「何かが違う」という思いが消えませんでした。

私が心底から求めていたのは「私とは何者？」の答えであり、それなくして能力開発だけを追いかけていても虚しくなるだけだったのです。講座を渡り歩くだけでは、知的な満足は得られても、魂のエネルギーは下がるいっぽうでした。

私たちの正体は、全員もれなく「神なる魂」です。この究極の真実をストレートに教えない講座が多かったために、私の放浪の旅は相当に長くなりました。その頃は、先生たちもご存知なかったのかもしれませんが、とにかく私たちは生物の頂点としての「人間である」という考え方や、モトモト神とは異なる存在であることが前提ですから、神としての才能がナイことが、世間一般では普通になっています。

自分のことを人間だとする意識の方がほとんどで、まれに魂の存在だと思っている人がいても、まさかその魂が「神」そのものだとはご存知ないのです。

いずれにしても、自分は創造主や神々と同じではない、この考えがスタートになっていますから、自分の内側にある内在神（魂）を観ようともしません。仕方なく、人間としての才能を発掘することしか考えなくなります。

そういうわけですから、「才能開発のノウハウを教えましょう」が前提になっている講座が世間一般には多かったのです。受講する人たちも、先生のような才能を欲しがるか、誰かの才能をマネするような「ノウハウ」ばかりを欲しがっていました。

今もその傾向が世間には残っていますが、個人的な成功を得るためや、他者に勝つための才能開発を望んでいる人が多いのです。あくまでも個人的な満足のためであり、本氣で「皆で共により良くなっていくこと」が前提にはなっていません。

きびしいことを言うようですが、才能開発そのものを先に求めると、魂の本質からはズレていきます。そして真の才能が出なくなります。そんなことを欲求しなくても、魂「I」に戻れば、誰もが必ず「才能開花」するようにできています。

私たちの個性豊かな真の才能は、創造主や神々から魂へと授けられていきます。それも次々とリニューアルされつつ（進化しつつ）授けられていくのです。したがって、本氣で「全ての方々を底上げしていきたい」という魂のアイが無ければ、魂の才能は出てこないのです。

あなたの魂のパワフルさは、たとえ今は人間意識（エゴ）に包み込まれて、うっすらとした弱い光になっているとしても、あなたが今ここに生きていられるということは、その魂のアイの光があればこそだったのです。

その純粋で透明な光を、あなたが「アイの生き様」をすることで強めていくと、真の才能もそれに比例して強まっていきます。宇宙の素晴らしい仕組みだと感動するばかりです。

頑張って努力して培った才能も、それはそれで素晴らしいことかもしれませんが、そこには「魂の神氣」が入っていません。自動的に楽々と伸びていくような「神氣」が入っていないので、せっかくの才能表現も単発で終わるといいますか、すぐに打ち止めになります。そこからの自然な発展拡大へと結びつかないために、また別の頑張りや、さらに相当な努力が必要になります。

魂は、創造主と同じ才能や能力をモトモト授かっているのですから、「私にはこれといった才能がナイ」という前提からして、すでに間違っているのです。その考え方こそ、真っ先に手放して下さい。

全知全能である「魂の才能」とは、全体繫栄に貢献するための才能であり、個人が「うっしっし」と喜ぶためのものではありません。自分が世間一般で評価されたいから、とにかく収入が欲しいから、有名になりたいから、自分が富裕になりたいから、そんなエゴの願いからは「魂の才能」は開花しません。

残念ながら、この世が評価する「才能」とは、どれだけ物質的なものを得ることができる才能なのか、どれだけ豊かに財産を増やすことができる才能なのか、どれだけの賞をもらうことができる才能なのか、せいぜいその程度でしょう。エゴたちは、関心が「外側」にしかないのです。

天や地が評価する「才能」は全く違います。天地は、あなたの「内側」に関心があるのです。生まれた時よりも、あなたが年を重ねるにつれて、どれだけ「内面の魂」を輝かせて生きたか、どれだけ天地の意志（アイ）に沿って行為したか、魂から決めて「口にしたこと」をどれだけ成したか、それを観ています。それが真の才能発揮の入口となるのです。

そもそもスピリチュアルとは？

スピリチュアルというジャンルが、この20年をかけて多岐にわたるようになり、ビジネス世界にも入り込んでいるようです。

サイキックな才能、チャネリングやリーディング、不成仏霊や幽霊、占い、運勢、神霊学、かずたま、コトダマ、マインドや感情のセラピー、そういった色々な要素をたくさん取り込んで、複合的な概念の「スピリチュアル」になっているようです。なかには本質からズレたエゴイスティックな内容もあり、それらが普及していることも事実です。

本質からズレたものの代表は、サイキックをうたい文句にするスピリチュアルです。サイキックは、エゴが大好きな「力」であり、権力なのですが、決してアイではありませんので、いずれはカラダも魂も壊れていきます。

いずれにしても、色々な人によって後付けされた「雑多な要素」を全て省いていきますと、純粋かつ根源的なスピリチュアルの真実に到達します。今ここでそれをハッキリさせておきたいと思います。皆様がスピリチュアルの「的」を外さないために……。

もともとスピリチュアルとは、ラテン語のspiritus（スピリット・呼吸・霊魂・生命・意識）に由来しています。日本語で言うなら「霊的であること」「魂的であること」を意味します。最も重要な「スピリチュアルの根幹」とは、私たちを含めた森羅万象の全てが、宇宙の「たった一つの創造源（創造主）」から生み出された生命スピリットだということです。私たちを含めた万物万霊の中には、創造主のアイ・エネルギーが公平に脈々と息づいているわけです。

その創造主に感謝して祝福することは、私たちを含む万物万霊を祝福することにもなるのです。そして祝福のエネルギーが注がれたものは、ますます発展し、拡大進化します。

自分および他の全存在は、「たった一つの源（創造主）」から生まれた同胞であり、新たな国づくりをしていく仲間です。嫌ったり、ケンカしたり、逆に執着しあったり、ベタベタしている場合ではありません。

私たちは、この最も大切な「スピリチュアルの根幹」を踏まえ、創造主の「弥栄の意志」を受け継いで、森羅万象や万物万霊をどこまでも「底上げする意識」「育む意識」「伸ばす意識」で日常生活に入っていく、これが「スピリチュアルに生きる」ということなのです。

私たちが何度も輪廻転生してきたのは、この「スピリチュアルの根幹」を思い出して、地上界でカラダを使って「生き直す」「やり直す」ためであり、決して個人的な願望を達成するためではないのです。

スピリチュアルとは、単なる趣味や習い事の範疇（はんちゅう）を超えています。自分の人生の優先事項とし、全人生の中核とし、命をかけて「喜びながら」真剣に臨んでいくことなのです。過去、私たちは、適当なことでは追いつかないほど根性が曲がり、アイから大きくズレた意識に成り下がっています。それこそ「命がけ」で、スピリチュアルから逃げてきています。もちろん、そんな最悪な自分のことは、無意識層へと抑圧して隠してしまっている人がほとんどですが……。

したがって、今はもう「適当なこと」では追いつきませんし、人生の全て（日常生活の全て）を全面的にスピリチュアルな方向に捧げることでしか、何も解決できません。
あなたが、命がけで逃げた過去の自分を癒しつつ、全人生をかけてスピリチュアルに生きれば生きるほど、創造主から授かっている「霊的な力」が増し、あらゆる全てを「育む」「伸ばす」ことができるようになります。

自他ともに栄えることが楽になり、どんどん幸せになり、運氣が良くなり、ラッキー続きになり、カラダも本格的に健やかになります。


ただし、どこまでもスピリチュアルに生き続けるためには、真の自分への覚醒が不可欠です。あなた自身が神聖な魂であるという明確な腑落ち（＝思い出し）のことです。頭の理解ではなく、「自らの真実」「霊的本質」が１００％腑に落ちて分かった状態のことです。

ご自分自身が、個人的な山田Ａ子や伊藤Ｂ男ではなく、霊的な魂であることに覚醒して、ゆるぎない強い自覚が生まれると、充分な「魂の能力」が自然に出てくるようになり、弥栄な現実が自然に起こるようになります。あなたが魂としての覚醒がなく、その自覚が薄いと、弥栄な現実が絶対に創れません。

一霊と四魂

私たちが日常生活において「これが私だ！」と認識している自己よりも、広大で深淵な叡智を持っている神聖な真の自己が「Ｉ」コードの中に宿っています。それが一霊四魂です。

その一霊四魂としての自分を、新しい時代と新世界へのお役に立てるよう、さらに磨いて活かしていくのが私たちの生きる喜びなのです。

まず「一霊」とは、天から降りてくる創造主の命（バイブレーション）のことだと思って下さい。これが「I」の中核となり、その周囲に配置されているのが、あなたの真の才能である四魂です。四魂は使わないでいると、必ず壊れていきます。つまり、魂の霊力を使わないでいると、一氣に出なくなっていくのです。

現代人のほとんどは、魂に対する深い敬意も忘れ、四魂の力を崩していますので、あらためて四魂の素晴らしさを徹底的に知って頂き、「皆で共に良くなる」ために活用して頂けたらと願っています。

■和魂（にぎみたま）

私の著書である「深・古事記（神ながらの道）」にも書かせて頂いたのですが、四魂の働きの中で、最も大切な中心となるものが「和魂」です。高次神界の神々も、最も和魂を大切にしています。

和魂とは、誰とでも、何とでも、素直に通じ合うことができて、すぐに仲良くなれる才能のことです。無条件のアイで受け入れ、すぐになじむことができ、サッと順応できます。人だけではなく、植物、樹木、動物、鉱物、大自然とも大調和できて、仲良くなる才能です。相手をくみとる力のことです。

たとえば花粉は、直接的には仲良くする必要がないのですが、間接的には私たちにも必要であり、地球にとっては「かけがのないもの」ですから、それを認めて親和していくことが和魂の才能です。

この才能を使わない時に、対立や敵対が起こってくるのです。ずっと使っていれば、あらゆる関係性において、全く問題が発生しません。

全ての対象と和合（融合）するという才能を、創造主が魂に持たせたのは、「共に良くなろう」という創造主の意志を叶えるためです。先ずは、日々の生活において楽しく「和魂」を使っていくようになさって下さい。

私は、色々な対人関係のご相談を受けることがあります。敵対関係のご相談のほとんどは、「和魂」を使っていないことから起こっています。ご相談とはいえど、要するに個人的な「正当な言い分」を自己主張したいだけで、「ぜひ、相手と仲良くなるぞ」というコミットが完全に欠けているのです。

私たち「I」は、天から公平に敬われ、生育させてもらっている存在です。ということは、誰もが自分で拒絶しない限りは、どこまでも発展進化していく可能性でいっぱいなのです。たとえ「今の段階では」どこか未熟かもしれませんが、ずっと「先の段階では」、必ず素晴らしい存在になっていくわけです。それが私たち本来の真の姿です。

ですので、和魂を使った向き合い方としては、「今の段階」の相手に向き合う意識になるのではなく、相手をグ～ンと引き上げて、とてつもなく素晴らしくなった「将来の姿」の相手に向き合うようにするのです。

そうすると、相手に対して腹が立つことはなくなります。相手をグ～ンと引き上げてしまう能力も和魂ですから、これを使って相手と向き合うことが、真の神界における神々同士の「つながり方」です。

■幸魂（さちみたま）

自分のことは自分で満たして幸せになる力のことです。自分を満たして幸せになる才能が、他の方々にも公平にあるのだと認めていく、これも幸魂の才能です。

結局のところ、お互いが、「自分のことは自分で満たす」という才能を持っていますから、それを認めれば認めるほど、幸魂を使っていることになります。逆に、自己犠牲や、人を犠牲にするのは論外ですから、幸魂の成長が止まります。

世間一般にありがちな、男性から女性への「あなたのことは私が幸せにする」という思いや、女性から男性への「私のことを幸せにしてほしい」という思いは、幸魂を壊していきます。誰かによって幸せにしてもらうという考え方はナンセンスで、そもそも自分が満たされていないという思いは、実に傲慢の極みです。

一霊四魂（光の柱「I」）の自分を忘れ、魂を使ってこなかったために、そういう考え方になっていったのも仕方のないことですが、今、あなたは自らの正体を理解されたわけですので、これからは魂の才能をフルに使っていきましょう。

■幸魂（さきみたま）
幸魂と書いて「さきみたま」とも読みますが、この才能は「宇宙は今も明るいけれど、先々もさらに明るい」という感覚のことです。先々に光明を見出すことができる力です。いかなる状況からでも、先々に「発展的な明るさ」「さらなる進化」を見出せる能力のことです。

今の自分自身が輝いていて、その光がずっと先にまで届いているということをあらわしてもいます。

■奇魂（くしみたま）
「奇」という漢字は、「大」と「可」で出来ています。大いなる可能性のことです。自分の知りうる範囲をはるかに超え、今まで以上に素晴らしいものをあらわす才能です。この奇魂を授かっているからこそ、私たちは誰もが必ず発展進化できるのです。

■荒魂（あらみたま）（現魂）
行動する才能のことです。どんなことも実行・実践できる力です。

ただし、何のコミットもなくて、単に行動力が旺盛なだけならエゴでもできますので、荒魂とは言えません。荒魂は、和魂・幸魂・奇魂などと一緒になって発動する才能のことです。

時として、カラダのエネルギーが下がっている場合、エゴに陥りやすくなりますので、とにかく動いてみることが必要な時もあります。散歩したり、温泉に入ったり、気分転換のために行動するのです。スッキリとした心で動いてみて（荒魂を使って）、カラダのエネルギーを上げていくと、直観やヒラメキ（奇魂の才能）が伴ってくることがあります。

魂の「徳」カラダの「徳」

どんなに素晴らしい才能を持っていても、そして、どんなに皆様のお役に立ちたいという情熱を持っていても、**魂の「徳」が無ければ、世間には広がらないし、拡大していかないのです。**助けてくれる人材も来ないし、色々な条件やタイミングも合わなくなる。

自分が個人的に何かをやりたいだけなら、さほど発展も拡大もしません。何よりも大事なことは、「天が」それを自分にさせたがっているのかどうか、そこに尽きます。

人に尽くす、奉仕する、これも勘違いされやすい概念ですが、魂レベルで言うなら、「アイと調和」の観点から行うものです。感情的な同情心からの奉仕や、自分勝手に「良かれ」と思って、何でもかんでも奉仕すればいいということではありません。魂には、「被害者」とか「弱者」という概念はありません。ですから「弱者の味方をする奉仕」というスタンスはやめる必要があり、もっと達観したところから物事を観て、奉仕をするようにしましょう。

弱者を助けたいと思ってしまう自分の心（正義）こそ、癒すべき対象です。実際、自分が他の誰かを弱者だと見なすと、相手の発展進化の力を完全に奪うことになります。そして、それは自分の発展進化の力も奪うことにつながるのです。

個人の思考や感情は、それ固有の波動を持っています。思い込みもそれ独自の波動を持っています。歩き、走り、活動、カラダの動き、それらも「独特の波動」を放っています。あらゆるものが「波動」の存在です。

私たちも波動として生きており、「常に」何らかの波動を振りまいて生きています。たとえ音声を発することなく無言であっても、全身からは波動が出ています。荒々しい波動、沈んだ波動、興奮の波動、色々な波動を振りまいています。私たちの波動は、宇宙に大きく影響を与えているわけです。

ですから、そういう「色々な音響」を放つ私たちは、自らが出している「音響」に氣をつける必要があります。雑音ではなく、宇宙に溶け込んで調和するような自然で美しい音を放つことが大事です。モトモトの私たちは、そういう魂の音（爽やかで美しい波動）だけを【カラダ】を通じて放っていたのです。
筋トレをする人は、どうしても「勝ち負け」の意識がカラダの「筋肉」に入り込みます。ですから、筋肉を中心に生きてきた今までの私たちは、どんなに魂のアイを磨いても、その魂の波動を表現する時には「筋肉」を通じて出すことになりますから、エゴの波動（雑音）が混じってしまうのです。

先日、あるスピリチュアルな施術家の方からメールを頂いたのですが、そこには「うんうん、その通り！」と相づちを打ちたくなるようなことが書かれてありました。

……………………

筋トレをバンバンやって、力任せにカラダを使っても、カラダを痛めない人もいる。
そういう人は、心とカラダの「方向性」が一致しているから矛盾が無く、カラダを痛めない。
（良い悪いではなく）

一方、「自分が、自分が」という生き方をやめた人が、従来のようにカラダを使おうとすると、カラダは「ＮＯ！」と言って痛みを発します。その痛みは、生き方を１００％アイへとシフトしなさいというメッセージなのです。

……………………

なるほどなぁと感動するしかありませんでした。魂とカラダは陰陽一対ですので、本来、私たちは「両方」に取り組んでいくはずだったのです。魂だけが「神あがり」する人は比較的多いようですが、魂とカラダの両方が最高に出来上がった状態が本当の「神あがり」であることを忘れてはならないのです。

今まで身につけてきた筋肉の力（＝エゴの力）を、カラダからドンドン抜き去って、完全にそぎ落としていく、まさに「身そぎ」とはこのことでしょうね。

色々なワザや技法を身につける前に、「自分個人の力」を完全にそぎ落とすことが先だったのです。これは全てに当てはまる真理だと思います。

どんな時も、余分な波動、余分な考え、余分な力を全て抜いて、もっともっと抜いて、徹底的に抜ききっていくと、それ以上はもう何も抜けなくなります。あとに残るのは、私たちの「魂の波動」だけになります。全てを抜ききった極小の波動（＝魂の氣）が中心になって、極大のものを動かしていく、これが宇宙の姿です。本当に感動します。

カラダへの「徳」を積む

スピリチュアルな探求とは、内面の進化（深化・神化）のことだと思いこみ、主に内面の向上に関する修練だけをやってきた方が多いのではないかと思います。もちろん、私もそうでした。カラダに対してはヒーリングもしますし、プロの施術も受けることもありますし、スパやマッサージを受けてカラダを癒すこともやってきています。

でも、あくまでも「心地良さ」「良い波動」だけを追い求めることに終始していたように感じます。カラダに対して「表面的な取り組み」しかやってこなかったと猛反省です。

私たちはカラダに関しては何も真実を知らず、相当な思い込みをしていることにも気づかねばならない時に来ています。

たとえば運動不足というキーワードを聞いた時、私たちの中に「運動とは、筋トレや、ランニングや、ウォーキング」という感覚が湧かないでしょうか？　そうすると、それらが「できている・できていない」という落とし穴にハマるのです。

筋トレをするとどうなるのでしょう？　筋肉がついて、筋力がアップします。でも筋力と体力は全く別ものですので、筋トレをしても体力はつきません。一時のパワーは出ますが、それだけです。

ところが、天地とつながった呼吸をすると「体力」がつくのです。本来の穏やかな呼吸をし、骨を主体にして動くと、「持続力」「集中力」がつきます。

カラダは生きるための便利な道具でしかないと思い込み、カラダを授かっていることがあまりにも当たり前すぎて、つい私たちは感謝も敬いも忘れがちです。健康であることが当たり前になってしまい、時に故障（？）を起こすことがあれば、カラダを煩わしいものだと感じることや、厄介なものだという感覚になることも多々あったのではないでしょうか。

本格的に「魂の存在」として生きる決意をすると、物理的なカラダに対して「徳」を積むことが、実は「魂の徳」にもなっていくのだと分かってきます。

魂とカラダは一対。魂だけが向上することはありえず、カラダの可能性を目いっぱい開花させていくことが、魂の向上につながるのです。天意（創造主の意志）は「カラダ」を通じて成されるものだからです。

カラダの使い方には「足し算」と「引き算」があります。この両方が等しく素晴らしいのです。足し算とは、力をつけることや、エネルギーを上げることなどです。引き算とは、余計な力を抜くことや、よりスムーズになることなどです。

カラダの可能性を開花させることができるのは魂だけです。したがって、私たちの意識が魂からズレた場合、カラダの開花は不可能になります。

私たちの意識を魂からズレさせる「三つの要素」があり、古神道では「つみ・けがれ・まがごと」と呼んでいます。

「つみ」、それはこの世的な罪悪のことではありません。カラダが内包している才能や能力を否定することや、制限をかけることを言います。大いなる可能性（ポテンシャル）を「つつみ隠す」ことが「つみ」です。これがカラダへの不徳になるのです。

逆に、自他のカラダを敬い、ほめたたえることは、カラダに対して徳を積むことであり、カラダが自然に喜ぶような動かし方や歩き方をすることも、徳を積むことになります。感情的な癒しだけを得意とする方も、カラダに対しては徳を積んでないことが多く、そうなると魂の存在ではなくなります。

カラダへの不徳を消すだけでなく、カラダへの徳を積むことが私たち魂の「志」と言えます。魂とカラダはアイを深めて高めていくための「両輪」です。

病気になることを恐れる人、コロナ感染をこわがる人、痛みをこわがる人、こういう方々はそうならないように防衛しようとしてカラダを固めてしまいますが、これがカラダへの不徳を積んでいることになります。カラダを固めることが、どれほど「つみ」なことかを知って下さい。

色々な病の波動、痛みの氣、発熱の氣、だるい氣、そういう特定の波動を「悪い氣」として認識し、とにかく排除しようとする。「悪い氣」という分析をし、取り除こうとする。その根底には「治った人」「癒し終えた人」になりたいという願望があります。もう治った人、癒し終えた人になりたいと願うのは何故だと思いますか？

病氣や痛みの氣を、無かったことにしたいからです。病の氣、痛みの氣は「悪い氣」だから、それは好きじゃないから、できるだけ「良い氣」「良い波動」ばかりを追い求めようとするわけです。

ところが、「良い氣」ばかりを追いかけていると、逆にカラダのエネルギーは「スカスカ」になっていくのです。病の氣、痛みの氣を嫌ったまま（抑圧したまま）で、良い氣、良い波動ばかりを追い求めていくと、たまたま「治った〜！」「癒し終えた〜！」という瞬間が訪れることがあります。その興奮により、アドレナリンが強く出ますから、まるで完治したかのように満足しますが、実際にはカラダが充実した状態にはなっていません。

悪い氣だとジャッジされたものは、抑圧されて隠されたままですから、カラダが「スカスカ」になっていくのです。

社会的なパワーと成功も同じことです。「良い成果」ばかりを追い求めて達成しているだけでは、「カラダの徳」は減ってスカスカの状態になっていくばかり。

無想剣（個人の心をそぎ落とす）

長い時を経て、今再び「魂とカラダ」が直結するチャンスの時を迎えています。そのためには「個人の心」というエゴを無くすことです。

「個人の心」が残っていると、それが壁になってしまい、魂とカラダが直結しません。創造主や魂からのアイデアや導きを、現実界にいるカラダに届けられません。するとどう行動していいのか、どう活躍すればいいのかがサッパリ分からなくなるのです。

個人の心を全て「そぎ落とす」ことによって、魂とカラダを直接に結ぶ（つなぐ）ことができます。魂とカラダが直結することで、速やかにアイを実践できるカラダになります。個人の心を全て「そぎ落とす」「みそぐ」「身をそぐ」ことを徹底していきましょう。

そもそも「個人の心」とは一体何のことでしょうか？　もともとは、心といえば「魂」のことだったのです。魂は、神界の神々から直接生んでもらっていますが、それが私たちの「真の心」「真の意識」でした。

その魂からズレて、別途に誕生したのが「個人の心」です。個人の心は個人マインドとも言いますが、4次元幽界（心界）に所属しています。

「個人の心」は安全を欲するがゆえに、不安定なことや危険なモノゴトから自分を守ることをします。トラブルから身を守ること、色々な痛みから自分を守ること、敵だと思う存在から自分を守ることをします。時には闘います。立場を守るためなら色々と言い訳をしたがります。個人の心とはそういう特徴です。

つまり「守る心」が「個人の心」の特徴です。安全を欲して（何かをこわがって）自分を守ろうとするとき、エネルギー・ボディ（オーラ）を固めるだけでなく、麻薬のような「アドレナリン」を出します。これが細胞を壊すのです。

自分を守ろうとすればするほど、細胞が壊れていくという皮肉です。細胞が壊れれば、「病気」や「老化現象」として現れます。「守る心」が、逆にカラダを壊すのです。

長い歴史にわたって、私たちの「個人の心」は安定・固定を欲し、カラダを固めるパターンを繰り返してきました。そして、道徳を守る、作法を守る、マナーを守る、時間を守るといったような世間一般では良き事とされる「守る」という行為も、実際にはエネルギー・ボディや物理的なカラダを固めます。これはカラダへの不徳です。

残念ながら、守ろうとする心（戦闘モードの心）、そういう「個人の心」が今のあなたの「体質」をつくってしまったのです。「個人の心」を全部そぎ落として「今の体質」を変えない限り、たとえ意識だけが崇高になったところで、カラダの自由自在な対応能力が発揮できません。「個人の心」をみそいで、「体質」および「カラダのクセ」を変えるしかありません。

「個人の心」を全く介入させず、魂とカラダを「直結させる」ことの素晴らしさを伝えている昔話があります。

昔、越後の国の山奥で、木こりが斧で木を伐採していたそうです。すると一匹の異獣が背後に現れました。木こりは「何者?」と尋ねると、「我はサトリという獣なり」と答えます。珍しい獣の姿なので「生け捕ってやろう」と心で思っていると、サトリは笑いながら「ダハハ！　わしを生け捕ろうと思ったな」と見透かされてしまいました。木こりは、自分個人の心を獣に読まれてしまったのです。

木こりは「こいつは簡単には生け捕ることができないなぁ」と思って、斧で殺そうと心でたくらむと、サトリが「おいおい、今度はその斧で殺す氣かよ」と言われてしまったのです。そこで木こりは「こりゃあ、かなわないな。さあ、仕事だ仕事だ」と、再び木を伐り始めました。それを見たサトリは「ヘッ！　もはや勝てないと思ってお仕事ですかぁ」と鼻で笑いました。

木こりは相手にもせず、力を込めてドンドン木を伐っていたのですが、すると斧の「柄」から「斧の頭」の部分が抜けて宙を舞いました。サトリの額は「斧の頭」が刺さって無残にくだけ、二言と発せずにサトリは死んだのです。

剣の道には「心妙剣」と「無想剣」の二つがあるそうです。心妙剣（実妙剣）は、自分が相手に加えようとする狙い（個人の心）がことごとく外れない達人のことです。でも、サトリのように「個人の心」を読むような相手が来れば、敗れてしまいます。

ところが無想剣は、斧の頭と同じで「個人の心」がなく、無念無想で動くことができるのです。これが魂とカラダの直結（融合・和合）です。

やらせの「ドリーム・ランド」

頭に植え付けられる「一般常識」ほど、巧妙なマインドコントロールはありません。頭にそれらの情報を固定化してストックすることで、天と私たちとの間には「壁」ができます。そうやって私たちは「天の真実」を受け取れなくなったのです。

特にダマされてきたのは、「時間」に関してなのです。もともと宇宙には「過去」も「未来」も存在せず、「今」という一瞬一瞬があるだけです。

でも地球には、地球独特のタイムラインの概念があります。過去や未来です。このような概念は、ある意味で人類の意識の拡大を促し、大きな進歩になったとも言えますが、使い方を間違えると、自分を真実から遠ざけるものになります。

本当に大切で重要で、見えなくてもリアルに存在しているのは「今」という時だけです。その「今」とは何なのか、公開していきたいと思います。

「今」とは、現実空間が出たり消えたりする「出没ポイント」だと思って下さい。この唯一の「今」から、「ここ」という現実空間（場）が次々と出現してくるのです。これが現実創造の仕組みです。ですから、宇宙の根本原理としては、「今」と「ここ」があるのみです。しっかりとハラに落とし込んで下さい。

そしてなんと、「今」がどこにあるのかといえば、私たちの内なる中心「I」にあるのです。「今」という永遠の時から、自分が生きて存在するための「ここ」という場が出現します。出現したらすぐ消えます。すると、またすぐに別の「ここ」が出現します。そしてまた消えるのです。時は、富氣（とき）が出現するポイントなのです。

「今」という真の時からは、「ここ」の出没が延々と繰り返されるのです。あらゆる全ては「今」

から生じ、「今」へと消える。これは永遠の法則です。

オン・オフ。オン・オフ……この出没の連続。
点し、滅す。また点し、また滅す。……この点滅の連続。
陽し、陰する。また陽し、また陰する……この陰陽の連続。
生じ、死する。また生じ、また死する……この生死の連続。

これでもうお分かりになったと思いますが、現実の空間が「出没」するための超大切なポイントである「今」、それを私たちに意識させたくなかった存在がいます。人類を巧妙に操作したかったダークサイドの存在です。彼らが私たちに何をしたと思いますか?

過去から未来を結んだ直線のような時間軸に、私たちの意識を向けさせてきたのです。私たちが「今」という超重要な一点を特定しないよう、意識しないよう、何となくぼんやりと「今ではないところ」へ意識を流すよう仕向けられてきたのです。

皆様も「明日」とか「未来」と聞くだけで、意識が「今」「ここ」からズレていきませんか?意識が今の一点に定まらず、よそへ行ってしまう感覚です。

このように、私たちの意識は大切な「今」からズレていくようにコントロールされてきました。私たちが「今」を意識してアイを広げながら行動していると、次々と素晴らしい「ここ」が出現してしまうから、それを何とかしてストップさせるためです。

ダークサイドの存在たちは、天が本当に望んだ弥栄な世界（誰もが心底から笑える世界）を創るのではなく、一部のエゴイスティックな存在たちが最も多く「富と利益」を所有できるような世界を創ろうとしてきました。それが今までの地球だったのですが、完全に操作された4次元世界だったわけです。

私はその4次元のフェイク世界（ダークサイドが創った夢世界）のことを「偽のドリームランド」と呼んでいます。

少しイメージして頂きたいのですが、目には見えない網目状のネットワークが（ダークサイドによって）何重にも地球の周囲に張り巡らされていて、マトリックスの世界になっている様子を……。

4次元地球に多重構造で張り巡らされている無数のネットワークには、色々な「思考・固定観念・概念・価値観」が入力されています。まるで「蜘蛛の巣」みたいになっていますが、宇宙の真実や、創造主のアイから切り離すための「カバー」「シールド」として機能してきました。私たちの意識をがんじがらめにして、制限だらけのフェイク情報につながるように仕向けられてきたのです。

あなたが一番氣にしている物事、いつも意識している物事、これが無くなったら困るな〜と思うモノやコト、まさにそれが偽ドリームランドの様々なアトラクションに引き込むための「餌」になっています。あなたにとって最も氣になるモノやコト、それがあなたへの「餌」になっていますから、そこにあなたが食いつくことで「偽ドリームランド」の直線時間軸（4次元）にあなたの意識が幽閉されるのです。

いつもお金のことが優先して頭に浮かぶとか、いつも収支決算を気にして生きている人は、お金が餌となった「マネーゲーム」のアトラクション（直線時間軸）にまんまと引き込まれています。

自分のビジネスがいつも優先され、それがうまく成功することばかりを氣にしている人は、仕事が餌となった「ビジネスゲーム」のアトラクションにまんまと引きこまれているのです。

病氣を治すことしか頭に浮かばず、カラダの不調にいつも意識が向く人は、「病気ゲーム」のアトラクションに入っています。

自分の悟りや因縁解脱にしか興味がない人は、「スピリチュアル・ゲーム」のアトラクションに入ります。

ドリームランドの看板＝脳内の看板

私が皆様に最も氣づいて頂きたい「やらせ」は、偽ドリームランドの入り口にある「看板」です。「自分の夢は？　願望は？」という甘い誘惑めいた「問いかけ文句」のようなものが、看板に（エネルギーで）書かれてあるのです。それが脳内にポンと浮かぶわけです。この問いかけ文句は、皆様の脳内にインプットされていますから、あなたがふと「自分の夢は？願望は？」という思考に入るなら、まさにその看板につかまったということです。

その問いかけのあとには、「どうぞ中へお入りください。何でもありますよ」と、これまたエネルギーで書かれてあります。あなたが「与えること」よりも「欲しい」というエネルギーが強い人であるなら、「どうぞこちらへ」という誘導エネルギーに共鳴しやすくなっています。そして、あなたが脳内のドリームランドに入るやいなや、限られたアトラクションの中から選ぶように仕向けられていくわけです。

あなたはまるで、それら全てが「自分の自由意志」であるかのように錯覚します。そして、「う〜ん、私の夢はこれだった！」と勝手に決めてしまう。そして、アトラクション時間軸の中を歩み続けるのですが、その夢がもし達成できたとしても、それ以上の発展進化は絶対に無いのがドリームランドのアトラクションです。

偽ドリームランドでは、思考や概念だけでなく、色々な「画像」「映像イメージ」も用意されており、その画像を「脳内で」万華鏡のように見せられます。あなたの妄想や欲望をさらにくすぐって、アトラクションに誘い込みます。

あなた個人にとっては天国のように思える「こんな未来」「あんな未来」という素敵なイメージ、

それもまたドリームランドの「やらせ」だったのです。

真の未来は、天のみぞ知る「進歩」であって、個人が（前もって）描けるようなものではないのです。前もってイメージできるような未来なら、偽ドリームランドの「イメージ設定」だということです。

私たちに、未来の状況を「画像イメージ」として見させて、その中から選択させ、喜んで従わせるように設定してあります。「まあまあの幸せ」に押しとどめるためです。ダークサイドの存在を超えてまで、誰も豊かになってはいけないからです。

私たち全員、どうでもいい夢や願望につながって、魂とカラダのエネルギーをダークサイドに吸われてきたのです。

ここまで申し上げても、特定の願望、特定の執着を握りしめているようなら、アトラクションからは脱出できません。

よくよく考えて頂きたいのですが、創造主は、偏った「部分的な豊かさ」ではなく、あらゆる「全ての豊かさ」を調和させて、それを「私たち全員」に授けようとしています。全ての人々の「今ここ」に授けようとしています。ですから常に「今」を感謝して意識し続けていてほしいのです。

ところが、アトラクションに入った人は、「今」を意識しにくいのです。アトラクションでの興奮やエクスタシーや目的達成が大事だから、それ以外のことには意識を向けないのです。

もし、今までのアトラクションが「やらせ」だったと分かり、地球独特の時間軸から脱することを決めたなら、真の宇宙の「真のタイムライン」に戻っていけるのです。「真の運命」に入れるのです。

そこから無限に広がる発展的なパラレルワールドであるなら、それは天の意であり、各自の体験としては最高に素晴らしいものになるでしょう。

タイムカプセル

ダークサイドによる「人類のＤＮＡ改ざん」について書かせて頂きます。
「タイムカプセル」のようなものが私たちのＤＮＡに埋め込まれているのですが、そのカプセルにはアイではない思考や情報が入力されています。**させている人は、時間や年月が経過するにつれ、埋め込まれたタイムカプセルがはじけます。そして、有限の「直線時間軸」に意識を一致**
この年齢になると、こういう考えや氣分になる。その年齢になると、そういう考えや氣分になる。おおよそですが、タイムカプセルが開くと、「そう思ってしまう」「そう考えてしまう」ように仕向けられるのです。
「もう年だから、体力がなくなっていくばかり」「今さら、若い時のようにはいかない」「そろそろ、終活か」といったような発展進化ではない考え方が、すでにＤＮＡに埋め込まれたタイムカプセルから発動するのです。人類の操作支配のために、です。

私自身も無意識とはいえ、「最近の若い子って……」と何気に口に出した瞬間があり、「ええ～？」と本当にビックリしました。普段は全くそんなふうに思ったこともないのですが、ある瞬間、スッと口から出ていたのです。

全く思ってもいないことが口から出たのですが、「そういうことね！　カプセルがはじけ、そのセリフが出たのね！」と氣づきました。

実にアホくさいことですので、脳内に浮かぶ思考は、よくよく精査していきたいものです。年齢の時間軸から湧き出るセリフは消去して下さい。

このようなタイムカプセルの影響を受けないためにも、やはり光の柱「I」に一致し続けることしかありません。そして「I」に一致していても、私たちのイノリの仕方が「未来永劫、共に栄えること」から少しでもズレていると、もう「I」とは一致できません。

必ず、狭い範囲で祈るのではなく、全ての方々、全てのカラダ、全てのお店や同業他社、ライバル企業、全ての土地、全ての国、あらゆる自然界、そういった「壮大な範囲」を意識して、弥栄のイノリをするようにして下さい。それが「I」の本質であり、イノリです。

私たちは、今までずっと他者を憎むように仕向けられ、闘うように仕向けられてきました。魂では分かっていても、ついカラダがそのように動いてしまいがちです。「体主霊従」になっているのです。決してカラダが悪いのではなく、過去世からずっと「マインド操作」のシステムが機能し続けていただけです。

ダークサイド側によるマインド操作から離れるには、光の柱「I」に戻ることは言うまでもありませんが、さらにもっと大事なことがあります。常に、もう一段階「上」へ進んだ意識になり続けることです。なぜなら、「現状維持」の意識になるのもマインド操作だからです。

それでは、もう一段階「上」へ進んだ意識について大まかな要点を書かせて頂きます。

……………………

●目前の物事や事象よりも、もう一段階「高いステージ」「深いステージ」に行ってから、癒しをすること。意識を大らかに伸びやかにし、一歩でも先へ進んでから癒しをすること。

●意識の段階を上げるどころか、相手や自分に「かわいそうだね」「大変だね」と共感し、同情したなら、「マインド操作」から出ることは不可能です。魂の自己がエゴに同情したら、共倒れになります。

相手や自分に共感するのではなく、もう一段階「上」の高いステージに意識を上げてから、「大丈夫だよ」「アイに戻ろうね」と言ってあげる。

●一つの事象に対して「ああだ、こうだ」と、いちいち感傷的にならないこと。感傷的になりたい意識が「しこり」になっているカラダの箇所を見つけて癒す。

●色々なアクションを起こす前に、先に必要なものを天から授かっておく。先に内側を癒し、解決しておく。

（例）一週間後にテストがある。ドキドキしながら、準備してテストを受けるよりも、ドキドキする自分を溶かすためのアイの氣を天から授かって、先に充分に溶かしてから、テストを受ける。

●さらに健全な意識で、さらにアイがあふれていて、さらに大らかな呼吸になって、というように、さらにさらに「上」の自分になっておく。先に、良い状態の自分にしておく。先にそうなってから、誰かと会う。

（例）先に30億円を動かせる自分になっておく。

●いつも向上し続けている天（創造主）、そんな天から授かった氣のほうに、自分の氣を合わせてアップしていく。毎度毎度ステップアップした自分として、色々な本番を迎える。

前祝い（予祝）の勘違い

かなり昔のことですが、セミナーや長期講座の中で「前祝い」についてお話をしたことがあります。たとえば稲を植える時に、ゆくゆくは豊作になることを前もって感謝して祝福するという「お田植え祭」が日本各地にありますが、それが「前祝い」「予祝」と言われるものです。自然界の恵みに感謝し、稲が育っていくことを祝い、多くの方がその恩恵に浴することを望んでの前祝いです。これは魂の力を使った「前祝い」です。

ところが、「大丈夫かなあ？　本当に豊作になるのかなあ？　災害がジャマするのでは？」といったような不安な意識でお田植えをするのなら、まさにその不安な意識の通り、祝えない結果になります。

じゃあ、何でもかんでも前祝いすればいいのかというと、決してそうではないのですが、なかには勘違いする人が出てきます。

あるスポーツ選手が「前祝い」の真髄を勘違いし、自分個人の願いのために使ったらしいのです。ある人からの又聞きですので、細かいところは分かりませんが、とにかく「どうか自分のホームランやヒット数が増え、個人成績が上がりますように」のような願いがあり、そうなっているであろう結果を強くイメージしながら「前祝い」したのです。

その人が書いた「前祝い」の本が爆売れしたみたいだと知人から聞きましたが、前祝いの真髄が理解してもらえず、残念でした。

その選手も「良かれ」と思って、皆様にお伝えしたかったのかもしれませんが、これは魂の力による前祝いではなく、サイキック力（操作力）を使っただけに過ぎません。サイキックなゴリ押しの力、我の力なので、結果が伴う時もあれば、伴わないこともあります。それは、天地や自然界の応援が入らないからです。

前祝い、つまり未来を前もって祝うことは大事ですが、それは「特定の」未来結果に執着して引き寄せるために行うことではないのです。あらゆる「全て」に向けて行うものです。

毎朝、一日一日の「全て」に対して前もって感謝して祝うことや、生きとし生ける全てに対して前もって祝福するのが、本来の「前祝い」です。

その日その日という時空間は、天からの「授かりもの」ですから、それを授かったことに対して、一日が始まった時に「前祝い」で感謝するのは当然のことです。

あなたとご縁ができた場や、あなたが接点を持つ色々な場に対しても、感謝からの前祝いをしていきましょう。

大事なことは、前祝いすらも「今」の瞬間にしかできないという点です。過去に感謝することも「今」の瞬間にしかできません。だとしたら、「今」そのものを感謝し、祝福することも忘れたくありませんよね。

その貴重な「今」において、常にアイ（感謝・祝福・敬い）を実感して全身に巡らせていることが、宇宙全ての時空間への「前祝い」になっているということです。

ですから、前祝いの意味を勘違いせず、個人的な未来を目指すことをやめましょう。未来に意識を流すことをやめて、「今」の瞬間こそが超重要であることを知って下さい。未来は、今という瞬間の中に畳み込まれているからです。「今」の瞬間こそ、最も前祝いするべきポイントです。

「ヒーリング」に関する世間一般の勘違い

「真のヒーリング」「真の癒し」とは何でしょう？　自分はヒーラーにはならないから関係ないと思うかもしれませんが、決して職業のことではなく、ましてや病氣治しのことでもなく、辛い感情ブロックを溶かすことでもないのです。それらも一部ではありますが、真のヒーリングとは、皆様の「魂」が初めから秘めている「弥栄発展を促す力」、これを発揮するようになって頂くことを言うのです。

それは、自分自身を単なる人間だと認識せず、神なる魂としての自覚を持ち、高いアイの波動に戻ることや、創造主の呼吸に戻ることを言います。

感情的になっているエゴに関しても、ただ感情を溶かすだけではなく、エゴを創造主の呼吸に戻し、本来の「I」に融合して、アイの意識に戻ってもらうことが、真のヒーリングです。

そして、先に皆様が「自己ヒーリング」をして頂くことによって、あとに続く者がどれだけ楽なことか、そのことに思いをはせてみて下さい。


私が最初にヒーリングに関する深い真理を教えてもらった時、目からウロコが落ちました。このことを知らずにいるから、病氣も不調も完治しないのだなと分かりました。

「皆で共に」全ての面でもっともっと向上していくことを心から望み、喜んで皆を応援し、実際にカラダを通じて皆を底上げするように実践していることが真のヒーリングだったのです。ですから、八百屋さんもヒーラー、会社員もヒーラー、主婦の方もヒーラーなのです。


真のヒーリングの途中プロセスにおいては、個人的に病氣が治ったり、個人的に氣持ちがハレバレしたり、個人的に色々なプレゼント現象が起こることは多々あります。

でもヒーリングは、個人的なことが目的ではなく、「皆で共に、ますます良くなっていくこと」という宇宙全体の目的のためです。

皆の運命を根こそぎ変える、皆の運氣をも大きく変える、そこまでやってこそ「真のヒーリング」「真の癒し」なのです。創造主の神氣や霊力が入っているヒーリングです。


スピリチュアル的に言いますと、創造主と同じ波動にまで上昇し、同じ呼吸になり、創造主と全く同等のアイにまで戻ることを「癒し」と言います。むずかしい専門用語になりますが、「帰神」や「神人合一」も「癒し」ということになります。

世間一般の病氣治しや、感情的な傷をヒーリングすることは、本当の癒しとは言えません。なぜなら、ご本人の意識を完全に「救い上げる」までには至っていないからです。

一般的な癒しやヒーリングは、目先のことに対応しているだけですので、根本解決はできず、まことの「癒し」とは言いがたいものです。これをご存知の施術家やヒーラーさんがまだまだ少ないようです。私も、本当の施術をする先生から聞くまでは、全く知りませんでした。

癒しとは、何かや誰かを「すくう」だけでなく、意識もカラダも創造主のアイにまで「上げてしまう」、そこまでやって初めて「すくい上げる」ことになるのです。

「救う」は「すくう」ですが、本来の意味は、「下から受けるようにして取り出す」という意味です。傷ついたエゴを見つけて取り出す（＝すくう）、そしてアイの波動（感謝・祝福・敬い）にまでちゃんと上げる、ここまでやって初めて「すくい上げる」ことになり、癒しの完了です。

もう少し深い観点からご説明させて下さい。ただ感情的な恨みや、悲しみや、負けた悔しさが心地良く消えていくことは、ヒーリングにおける「おまけ」のようなものです。

互いに新しい国づくりのために創造主のもとに協力し合うという「魂の合意」にまで至って初めて、その人の「真の癒し」が完了したということです。ご本人が全面的に「魂の意志」を取り戻すことができて初めて、癒しの完了です。

かつての私は、個人的な自分を優先して、個人的な自分が生き延びることしか考えてきませんでした。口では「みんなのため」と言いながら、心の奥底では、個人的な自分の成長を優先して生きてきました。個人的な自分の霊性を高めること、それしか考えてきませんでした。

そんな自分中心のワガママな内面の状態は、宇宙の方向性の「皆で共に良くなる」からは完全にズレていますので、そのままカラダに「ひずみ」となって現れました。カラダが病気になるのは当然ですね。カラダの老化も同じことです。

「ありがとう」で終わる癒しが本物

あらゆる全ては「中心」でつながっている、このことを決して忘れないで下さいね。

ですから、金銭面だけが良くなるようなアプローチや、健康面だけが良くなるようなアプローチや、家族面だけが良くなるようなアプローチをするのではなく、一人の魂としてどう生きるかという「中心」にアプローチしないと、全てのジャンルが「共に」良くなることはありません。

金銭の中心は「あなた」であり、健康の中心は「あなた」であり、人間関係の中心は「あなた」です。**つまり、どこまでいっても自分の「生き様」が全てになります。**

決して「感情の世界」をよりどころにせず、全てとアイでつながっている体感覚を意識し、「真の世界」をよりどころにして下さい。

これから本格的に始まる5次元以上の世界（魂の世界）に生きていくことになりますが、あなた個人の思考と言語はいっさい持ち込めないことを知っておいて下さい。日常生活においても、個人的な思考や言葉を全て手放し、「神なる魂」としての意志とバイブレーションであって下さい。それがこれからの生き様です。

私たちにとりまして、今回の人生が「生き様を切り変えるための輪廻転生」としては最後となり、エゴの癒し（エゴの救い）もラストチャンスです。もう、次のチャンスはありませんので、今のカラダのためにも、本氣で「エゴの昇華（＝すくい上げ）」に取り組んで頂ければと思います。

そして、エゴを救いあげる前に、エゴを浮上させてくれるサポーター（助っ人）がいなければ、癒しは始まらないのです。自分の中に抑圧していた嫉妬心を浮上させる「引き金」としての「相手」がいなかったなら、嫉妬する自分は無意識レベルに封印されたまま、意識の表面にまで上がってくることはなかったのです。そして、決して「救い上げる」ことができなかったのです。私たちは、嫉妬だけでなく、アイではない感情をずいぶんと多くの人にぶつけてきたわけですが、それを教えてくれるのは「自分以外の誰か」なのです。

そんな「サポーター」に対して、「本当にありがとう！」という感謝と御礼の気持ちが広がっていない限り、感情の癒しや浄化は「失敗」でしかないのです。たとえ、その時の感情は溶かすことができたとしても、自分自身の「生き様」は何も変わっておらず、あいかわらず「あいつなんか」という感情的な波動を広げ続けていくからです。

ですので、本物の癒しをしていきましょう。嫉妬した相手に対して、「あなたのおかげで、根深いエゴを見つけることができました。本当にありがとう！」という感謝の思いをベースにして、浮上した嫉妬の自分を「アイに戻ろうね」とハートにおさめて下さい。

それでもさらに、「あんな奴にありがとうなんて、口が裂けても言えるものか！」という反抗的な自分が出てくるはずです。その時は、「あなたのおかげで、また別の反抗的なエゴを見つけることができました。本当にありがとう」と、また相手に深く感謝をして、反抗的な自分をハートにおさめて下さい。

「ありがとう」で癒しを終えることができると、その「ありがとう」が次のスタートの底支えをしてくれます。

私自身、以前にも増して相当な本気で覚悟し直したことが「二つ」あります。

■全ての過去の自分（エゴ）を4次元の感情世界から救い出すこと。

■今まで以上に、あらゆる他者にアイだけで向き合い、「今できる最善」を相手に尽くすこと。

以上の二つですが、皆様もどうか同じように意図して頂けたらと願っています。

今までさんざん嫉妬などの感情を巡らせてきた私たち。でも今後は、純粋なアイを巡らせる以外のことは、もう二度としないと決めましょう。そして、嫉妬した相手に「ありがとう」の本氣の思いを巡らせるのなら、その「ありがとう」は必ず自分のところに戻ってきます。「ありがとう」のアイが巡る世界、素晴らしい新時代への幕開けですね。

「謝る」と「ありがとう」は陰陽一対

「癒し」「浄化」とは、自分の感情を鎮めるだけに終わらず、自分と対象の「双方」をアイに戻す（アイに祀り変える）ことまでを含めてのことです。

激しい怒りや恨みはもちろんのこと、ほんの些細な意地悪、ちょっとした嫉妬、軽いダメ出し、そんなことも含めて、思い出す限りの「自分の不徳」をかえりみて下さい。そして、卑屈さとか罪悪感を抜きにして「癒し」「浄化」を行って下さい。

とりあえず相手が嫌いではなくなっただけでは、アイと感謝の「関係性」に戻っていませんから、癒しが完了できていないということです。相手に対して心底から「ありがとうございます」と感謝できるようになって初めて、癒しが完了するのです。相手を敬い、ほめたたえることができるまで、関係性の癒しにコミットして下さい。

先ほども書いた「ありがとう」のコトダマに関しまして、もう少し深掘りしていきたいと思います。

誰かに対して、ある物事に対して、真の感謝ができない場合や、心底から「ありがとう」が言えない場合、そんな自分こそ最も先に浄化する必要があります。なかなか「ありがとう」が素直に言えない自分を発見した時、どうすればいいでしょう？

実は、「ありがとう」を言う前に、**「ごめんなさい」という真の「謝るコトダマ」を言う必要があるのです。**

ありがとうの「感謝」は、もともとは「謝を感じる」という意味なのです。謝、つまり「ごめんなさい」を心底から実感して、そのコトダマを言うことが、自然と真の「ありがとう」につながるのです。

まずは、相手や対象となるものに「ごめんなさい」を心底から言いましょう。今、その相手や対象が自分の目の前にいようがいまいが、瞑想の状態で相手に伝えて下さい。アイをもって丁寧に、さらに丁寧に、相手のエネルギーが「ありがとう」に変わりきるまで、心底から伝え続けて下さい。誠実に「ごめんなさい」を伝えるとき、必ず天地もサポートしてくれます。

もともとの日本のコトダマには、発展的な意味やアイの意味しかありません。ですから、本来の

「ごめんなさい」というコトダマには、罪悪感（自己卑下）（無価値感）などは一切入っていません。へりくだるような、自己卑下的な「許してください」とは全然ちがうのです。

「ご免をしなさい」「ご免を成しましょう」これが「ご免なさい」の正式表現です。本来の正式な「ご免」とは、何のコトダマでしょうか？


ズバリ、「互免」のことです。「互いに免ずる」です。互いに「難を」免ずることだったのです。

「もうお互いに難をのがれましょう」という意味です。いつまでもアイではない関係性のままであれば、「難」が訪れるばかりだから、難をのがれましょう、それが本来の「ご免なさい」です。

素晴らしいコトダマです。「ご免なさい」の響きがアイをもって放たれるほど、お互いが「難」をのがれていけるのです。


本来のアイのコトダマである「ごめんなさい」を深く実感して、そのまま言語で響かせるとき、自他の「癒し」がスムーズになります。

スピリチュアル系のワークの多くは、自分だけを癒すものがほとんどであり、ごくまれに相手に対して「許してください」と言うワークもありますが、許してくださいという言葉の響きは少しだけ「自己卑下」のニュアンスもあり、真のアイからズレています。そして自分だけが許されて、自分だけが楽になる感覚しかない言葉なのです。


宇宙の法則は「巡り」「カルマ」です。カルマとは罪悪のことだと思っている方は、認識を修正して下さい。カルマとは、自分が出したものだけが巡るという「動き」のことを言います。宇宙のシステムそのもののことです。

アイも、アイでないものも、全ては自分から放たれますが、それがぐるりと巡って、必ず自分のもとに戻ってきます。このブーメラン現象のおかげで、不幸にもなるし、幸せにもなるのです。

ですから、何が起きても自分が初動で、他の誰のせいにもできない。いつかどこかの過去において、「この自分が」放った波動が戻ってきているだけです。ですから相手は、あなたが出した波動の「配達人」でしかないのです。相手を恨むのは筋違いです。

色々な物事を相手のせいにした、その全てをかえりみて、アイ以外の波動を回収してハートにおさめて下さい。波動の「配達人」である相手とは、感謝の関係性にまで戻しておきましょう。

色々な過去を癒し続ける、それは「謝り続ける」ことに他なりません。自他双方の過去の苦しみや痛みを引き受け続けて、「ご免なさい」を響かせ続けて下さい。「ご免なさい」が言えるとき、心から「ありがとう」が言えるようになります。

自分と他の人との関係だけでなく、神々との関係性、星々との関係性、カラダとの関係性、物質や出来事との関係性、動植物との関係性、細菌やウイルスや昆虫との関係性、放射線や電磁波との関係性、外国との関係性、あらゆる分野の関係性に対しても「謝る」ことを徹底して下さればと願っています。

真の深い敬意

人生で自分がやろうと決めたこと、特にスピリチュアルな実践をやろうと決めたことに関して、やったりやらなかったりするのは、目には見えない神聖なものへの「真の敬意」がナイからだということをご存知でしたか？

今のような高次波動が降り注いでいなかった時代でさえ、つまり、癒しや浄化が困難な時代でさえ、先人たち、師たち、先達たちは、真摯に癒しをすすめて下さっていたのです。ひたすら全体繁栄のために滅私奉公するアイを貫いて下さった。だから創造主のアイが地上界にも相当に広がることができていたのです。

先人たちは、自分とか他者を問わず、数多くの人の浄化をし、宇宙の次元の扉をも開いて下さった。これからの先々を明るく照らして下さった。エネルギーの巡りの道スジも「わだち」として残して下さった。人知れず、あとに続く者のために、色々な貢献をして下さった先人たちに、ただひたすら頭が下がる思いになります。

彼らは、「魂」という最高に神聖なものがあることを知っていた方々であり、とことん「みそぎ」

「癒し」「浄化」をし続け、アイを貫き通してくれた稀少で稀有な方々だったのです。先に実行して頂いたことで、あとに続く者がどれだけ楽なことか、そのことに感謝しか湧きません。

その足跡に、（少しでいいから）あなたの想いをはせて頂けませんか？　そういった彼らの本物のスピリチュアルな神業成就に、あなたの意識が繊細に氣づくことができて、あなたの心が深く震えることができたなら、自ずと彼らに対する「真の敬意」が生まれるはずです。

「そんな素晴らしいことを、師や先人たちは延々とやってきたのだ」「よくぞ、全体のためにやって下さいました。よくぞ、ずっと続けて下さいました」と、本当の深い敬意が湧きます。そうやって本物の敬意が生まれるからこそ、「それを真似ていこう。同じようにやらせて頂こう。この御恩に報いよう。アイを貫いて広げていくぞ」という情熱が湧きます。

大変だの、むずかしいだの、分からないだの、できるだろうか？　だの、そんな言葉が出るはずもない……。

深い「真の敬意」があれば、ただ感謝しか湧かないのです。ありがたくて、ただもうありがたくて、そして嬉しい……。

彼らがそのように「徳分」を積んで下さったおかげで、私たちの癒しの方法とかが、どんなにシンプルになったことでしょうか。瞑想がどんなに楽しくなっていることでしょうか。天地に向かってアイを大きく広げることが、何とスムーズになっていることでしょうか。

ここで、「癒し」にとっての必要不可欠なツールがあることを知っておいて下さい。このツールとは、古来より秘密裏に伝えられている「厳戸（いわと）」のことです。私たちのハートに神聖な扉である「厳戸」を授かることが、やっと最近になって可能になりました。これも、先人たちのおかげさまです。

今からが本格的な「厳戸開き」の時代になりますが、その「厳戸」という宝物を天から授かるには、「徳分」が必要でした。それは先人たちも例外ではありませんでした。

しかも、扉は必ず「内側に開く」という秘伝をも教わるには、さらなる「徳分」が必要だったのです。徳分、それはアイを喜んで実行し続けたことへの、天からの恩恵です。

ありがたいことに、先人たちの徳分のおかげで、今の私たちも「厳戸」を自らの光の柱「I」のハートに授かり直すチャンスに恵まれ、内側に開く「秘伝」をも実践できるようになりました。それがどんなにスゴイことかを分かろうともしなかった私たちですが……。

冒頭で書きましたように、癒しに関しても、やったりやらなかったりする人も多いですし、「このあたりで、もう癒しはＯＫじゃない？」と、途中放棄する人もおられます。それはやはり先人たちが残してくれた「癒しのシステム」の素晴らしさに対して、本物の敬いが欠けているからのように思えます。過去や過去世で、アイからズレた言動をしてきた私たちにとって、癒しはまだまだ続くものなのです。

そして、私たちが癒しをする際には、一体どれほどの「見えないサポート」が入るシステムになっているのか、多くの方はまだまだご存知ないのです。

ハートに授かる扉（巌戸）は「真の神界」からのギフトですが、扉を使わない人からは消えていきます。「ふ〜ん、ハートに扉ですかぁ？」と、関心が薄そうな方もおられますね（笑）。

巌戸は神界からのギフトですから、単なる扉ではなく、神界の扉です。

その巌戸は、全てを（スムーズに）おさめる働きそのものです。ハートに入れたものを「穏やかにおさめる霊力」です。いったんハートにおさめたものが、そこから逃げ出てくることがないのは、創造主の霊力が働いているからです。

こんな素晴らしい巌戸を頂いたからには、それを常に内側に開いて、全てを招き入れて完全に癒すという生き様であって下さい。これが「巌戸開き」という生き様です。

これからの新時代の生き様ですが、癒すほどに魂のアイは強くなり、ゆくゆくは、ただあなたがそこに立っているだけで、全てを癒してしまうような存在になるでしょう。

最後に、真の敬意に関しまして、誤解されがちな点を述べておきます。

たとえば私たちが、「先人たちはスゴイなぁ」と、ただそのように尊敬して、「別格な方々」として見ているだけであれば、実はここには「真の敬意」が生まれていません。意外でしょう？

先生たちは別格、先人や先輩たちは別格、神々はもっと別格、そんなふうにしか見ていないとき、自分自身も創造主から（宇宙の源から）等しく公平な存在として産んでもらったことを忘れています。

自分や誰かを抜きにして、「別格な方々」だけに向けられた敬意は、真の敬意ではないということです。単なるあこがれ、単なるうらやましさでしかありません。

「別格」「別もの」として見ているうちは、へだたり（分断）しかありませんので、創造主や、神々や、先人たちとの「つながり」は消えます。

ところが、「深い真の敬意」が湧くと、創造主や素晴らしい方々との「つながり」が復活します。その「つながり」のおかげで、先人たちが残した天恵の「わだち」にもつながって、もっと先へ歩むことが楽になっていくのです。

お金というギフトもそうかもしれませんが、天恵や恩恵という本物のギフトは、ただ祈っても授かれるものではなく、「天が成したいこと」に対して奉仕したという「徳分」によってのみ、与えられる宝禄です。「徳分」の大切さをぜひ理解して下さい。

皆様が癒しをされるに当たっても、何か大切なことを実行して成すに当たっても、この「徳分」なしでは成し得ないのです。分かっているつもりでも、そこをすっかり忘れていらっしゃる方々が多いのです。

誤解されやすい表現ですので改めて書きますが、徳分とは、好き勝手に「良かれ」と思って行為したり、「みんなのため」と思って行っても、「徳分」にはなりません。あくまでも【天がやってほしいこと】をやることで「徳分」になります。

アフリカに井戸を掘るとか、不便なところに橋をつくるとか、一見すると「良かれ」のように思うかもしれません。でもそれは、あなたに対して【天がやってほしいこと】なのですか？

あくまでも自分が思いこんだ「良かれ」であり、自然界にとっては「良かれ」ではないかもしれないのです。

第４章

全ては「新しい神界」の意識で創造していく

上と下の「天地返し」

「天地がひっくり返るぞ」という天地返しの預言があります。そこには色々な側面の意味が含まれていますが、「上下がひっくり返るぞ」という意味でもありますので、その観点からみると、以下のような驚愕《きょうがく》なことが最近になって起こっています。

ついこのあいだまでは、「意識」のほうが「カラダ」よりも上位であり、波動も上でした。意識がカラダを引っ張っていくような状態、意識がカラダを支配するような状態になっていました。意識でも、2023年の夏至あたりから、上と下がひっくり返ったのです。**とうとう「カラダ」のほうが「意識」を上回ったのです！**

「カラダ」の周波数のほうが、「意識」の周波数よりも高くなり、「カラダのほうが意識を導く」という状態になったのです。これはもう前代未聞です。天の采配だと思います。

とても喜ばしいことですが、今まで以上にカラダを大切にし、自らの意識を上げて魂を磨いていかないと、カラダとの落差がもっとひどくなるばかりです。**生きる上での目的や意志が漠然としているとか、幼稚なままであるならば、カラダの才能を抑え込むことになります。**そのせいで、カラダは相当なダメージを受けてしまいます。

太陽の周波数が高くなり、地球の周波数も一段と上がったため、地球と同じ素材で出来ている「カラダ」も、一気に周波数を上げてきたのです。「カラダ」がますます健やかになっていく変容が始まっているのです。ご神体への第一歩です。

そういえば、夏至あたりから、私のカラダも一段と軽くなり、信じられないほどの変化が起こっています。

常識的な制限や、色々な思考さえ介入させなければ、今までなら決してありえないような「奇跡」が、誰のカラダでも起きるようになっています。


先日のことでしたが、スピリチュアルな学びの場において、ある実験をしました。正座をした私のカラダの両肩を、６人の大人が体重をかけて「抑え込む」という態勢を取りました。そのようなキツイ態勢でも、６人の方たちの重力をものともせず、いきなり「すっと立つ」ことができたのです。


最初は失敗しました。男性も含めての６人から抑えられ、「うわ〜重い」「骨がつぶれる〜」「腰、大丈夫かな」「６人相手では、絶対に立てない」というような「思考」が頭をよぎったからです。

でも、他の華奢な女性たちでさえ、ちゃんと出来ているのを見て、あらためて私も仕切り直しをしたのです。（思考に負けて悔しかったし……）

次こそは何も考えず、ただ無我の境地になって、無心になって「立つ！」という意志とカラダの動きを「同時一致」させたところ、すっと立てたのです！　嘘のようにアッサリと……。

「本当に抑えていた？」と、６人の方々を疑ったほどです。

正直な感覚としては、私の意志で立ったのではないということ。本当にカラダの意志で立った感覚です。私の意識よりも、カラダが「上位」になった証拠です！　素晴らしい！

今までは、どんなに意識をアイへとレベルアップしても、カラダの波動がついてこなくて大変でした。でも今は、カラダの波動が上がったおかげで、意識も（以前と比べて）格段に上がるのが楽になっています。

高速スピンで上昇し始めたカラダのほうは、新しい体験・深い経験をやりたくてウズウズしているのに、自分の意識のほうは、新しい体験・深い経験に興味を失い、今までどおりの自分パターンを繰り返すだけだったり、思考中毒のままであったりします。

さらなるアイへと意識を上げていかないなら、いずれはカラダが壊れます。痛みが出ます。色々な病氣が生じます。

ごめんなさい、脅すつもりはないのですが、本当のことなのです。どうでもいいような「不安思考」や「雑念」がいかにカラダに悪いか、分かって頂けると嬉しいです。

思考は、潜在意識の中に「ミルフィーユ」のようになって抑圧されています。自分の思考だけでなく、他者の考え方に同意をしたり、空間に浮遊している想念をキャッチしてしまったなら、それらも「自分の思考」として内側に埋め込まれていきます。

思考そのものが問題というより、そんなものに熱中して「振り回されている」ことが問題なのです。しかも、振り回されているうちに中毒になって、自分で自分の思考をサーキットするようになり、暇さえあれば考えるクセになります。

思考は、脳細胞に物理的な影響を与えることをご存知でしょうか？　脳の萎縮、脳腫瘍、痴呆などの物理的現象を引き起こすのです。それはカラダにも悪影響を及ぼします。

「神界」と「地上界」

このあたりで、地上界（現実界）とは切っても切れない世界である「神界」のことを少し書かせて頂こうと思います。とは言いましても、最もコアな内容ですし、この本を書いた究極の目的の一つでもありますから、多少は長文になることをお許しください。むずかしいと思う方は読み飛ばして頂き、あとから氣が向いた時にでも、お目を通して頂けたなら嬉しいです。

神界は、ファンタジーや絵空事ではありません。実在するリアルな世界です。もし、神界が物理次元に影響しない世界であるのなら、私も本には書かなかったと思います。

神界（神世）は、決して妄想ではなく、現実界に密接につながっており、「宇宙創造の仕組み」と切っても切れない次元です。万物が生きて進化することそのものが、神界のおかげで成り立っています。

ただ、ある時から、神界そのものが「創造主の意志の基準」に刃向かう世界へとズレてしまったため、地上界もおかしくなっていったのです。そのことを、ぜひお伝えさせて頂きたいと思います。

宇宙創造主の意志は、「無限」が基準になっていますので、未来永劫の発展繫栄のみを意志しています。しかも誰のことも分け隔てなく、「共に和して栄える」ことも基準になっています。

創造主が創った本来の神界は、無から有を生み出す世界です。神界は「創造する世界」で、逆に現実界は、いったん生み出されたものが「崩壊する世界」です。現実界だけにフォーカスすると、やはり失う世界と言えます。

ということは、あなたの意識が現実世界ばかりを見ているなら、失うことへの恐れがずっとついて回ることになります。でも、全てを創っていくほうの「真の神界」に意識を置くならば、自らがアイ・バイブレーションを内側に実感して巡らせることで「発展的な現実」を創造することができます。

「現実界（現世）は制限が多いから、神界（神世）のほうがいいなぁ」という価値感を持つ人もおられるかもしれませんが、それは偏った価値感です。現実界と神界は「一対」ですから、どちらもそれぞれの特徴があり、素晴らしい世界です。単に性質が違うだけのことです。

神界は「意識の世界」ですので、意識したことがすぐに神界の場で起こってしまいます。「意識のあり方」と「現実の起こり」が直結している世界です。

現実界と違って、神界では意識だけでアッという間に「結果」が起こってしまいますから、カラダを通じて「成す」という実体験ができないのです。ですから、私たちはどうしても実体験がしたくて、地上界に来たかったのです。

神界と現実界との間には「タイムラグ」があり、神界で意識されたことが現実界で「起こる」のは、時間的に少し遅くなるのです。そのタイムラグがあることで、充分な時をかけてカラダでの体験ができるのです。「実際のカラダを通じて物事を成す」という時間的な歓喜の経験ができるのは、この現実界だけなのです。

もちろん、現実界で物事を成すときは、自分一人のカラダでは成すことができません。皆と共に調和し、和合し、融合していかないと、物事を発展的に成すことが絶対にできないのです。自分が「魂の最善」を尽くして物事を成したのか、他の方々の才能もちゃんと高めるようなことを成したのか、そういう「魂の霊格」が全て現れるのが現世（現実界）です。

高次神界は、私たちが個別のアイの魂として産んでもらった究極の「故郷」です。

私たちは、物のように作品のように創られたのではなく、神から直接に「最高最善の意識」として産んでもらっています。活躍しているカラダの現住所は地球でも、「魂の本籍地」は今も神界にあるのです。

ですから、私たちは現実界をカラダで体験するだけでなく、神界の意識で「現実を創造する」ことも可能だったということを思い出して下さい。本来は、神界と現実界を、意識の面で行ったり来たりできるのです。

次に、神の「名」についてのお話をしたいと思います。

宇宙創造主は、無限の才能や能力を「重ね合わせ（ひとかたまり）」の状態で内包していますが、その自らの無数の能力をビッグバンの時に「枝分かれ」させました。まるで一筋の光を「プリズム」で無数に分光させるようなものです。その枝分かれした様々な作用や動きや働きのことを「神」と言います。

創造主は、自らの全知全能を「分光」して、無数の神々として産み出し、それぞれの能力をあらわす「名」をつけました。私たちの「氏名」とは違って、神の名はエネルギーの性質をあらわした「職種」のようなものです。

たとえば、波動を広げる働きとか、広がった波動をまとめる働きというように、こういう作用はこの神名、ああいう能力はあの神名、そんなふうに役割分担を名にしたのです。

宇宙創造主は「弥栄発展」の願いを叶えるために、自らの無数の才能を「役割」として分類して、それを「神名」にしたのです。創造主の能力の特徴それぞれが、そのまま神名（コトダマ）になっています。

高次神界が創られて間もない頃は、色々な神々も創造主の天意に素直に従っていました。神々同士もお互いを敬い合い、感謝し合うことで、和合し調和していました。最初の頃の高次神界は、まさに歓喜の神界であったのです。

ところがほどなく、創造主の基準からズレてしまった神々や、創造主に敵対する心を持った神々が多く出始めました。信じがたいかもしれませんが、神界が大きく荒れ始めたのです。そういう荒れた「神界」の様子はそのまま「地上界」に投影されますから、地上界の存在たちの意識にも大きな影響を与えていったのです。

つまり、地上界でも創造主とのつながり感覚を失い、天や地を敬わなくなり、他の方々のことも敬わなくなり、「意識の低下・分断」が起こってしまったわけです。これが今までの私たちの地上での歴史です。４次元地球の歴史です。

私たちの「魂の霊格」の波動はガクンと下がり、もう神界に戻れなくなってしまいました。ですから、肉体を失ったあとは、ダークサイドが用意した４次元幽界（あの世）に行くことしかできなくなったのです。ずっと神界には戻れないまま、幽界と現実界の間を「輪廻転生」するパターンになったのです。これでは神界の状態を素直に感知するセンサーを、私たちが使えなくなったのも当然のことでしょう。

でも、今はもう「あの世」と呼ばれる幽界も完全に無くなって、輪廻転生もできない時代に入っています。もし、このカラダを失ったなら、神界に戻るか、戻らないことを意図する人は、大いなる虚空に無として還っていくか、宇宙の光として昇華していくことになります。

そして神界に戻るのは、肉体を失ってからではなく、肉体を持っている今のうちになすべきことなのです。

私たちが心底から「真の自己」に目覚めて、地上界での固定観念を全て外し、自分の本質はアイを巡らせる魂の側であることを思い出すこと、そしてそれを地上で実践するようになったなら、楽々と5次元神界にシフトしていけます。

今、「真の神界」が復活

神界（6次元神界）で産んでもらった私たち魂は、今のような身体とは違って光のカラダ（霊体）でした。神界から地上界に降りてきた時も、この透き通るような霊体だけで地球に存在できていたのです。

光のカラダ（霊体）を主にして活動して魂であったため、物理的な肉体の制限を受けず、宇宙の無限の能力を発揮できていました。多少、空も飛べていたと思います。一説によれば、霊体は水分量が多い霧のような高次存在だったそうですが、私も個人的にはこの説に同感なのです。私にはその記憶の断片が残っているからです。

ただし、すでにお話ししたように、途中から神界が荒れはじめ、その影響を受けた地上に生きる私たちも、弥栄への奉仕を忘れ始め、天とのつながりを忘れ始めました。現実的な今世だけに意識が向き、個人的な人生をいかに楽しむかが大事になったのです。そして、相手を敬うことを忘れて、「けなす」ことが増えましたし、今世のことばかりに意識が走って、「現世利益」ばかりを追うようになりました。

そんな生き様の私たちの光のカラダ（霊体）は、完全に密度が変わり、今のような肉体的な身体へと変わってしまったのです。寿命も短くなっていきました。

ずっと創造主の天意に沿って、魂として「霊体が主導」で生きるはずでしたが、「肉体が主導」で自分の好き勝手に生きることへと、地上での目的が変わりました。そして現代においても、最近までの私たちは皆、「古い神界」に意識をつないで生きていたわけです。

でも、とうとう神界の中枢部が本来のシステムに戻り、真の神々の「みはしら」が次々と地球の聖域にも降り始めているのです。この本を書いた目的の一つは、それを皆様にお伝えすることでもあったのです。

神界が美しく整然となりつつあります。真の神々が主軸となった「真の神界」が確立して、地球の意識も次元上昇し、整っています。植物や樹木や昆虫や微生物なども次元上昇してしまいました。

神界が整ったおかげさまで、物理次元の仕組みも変わってきてはいるのですが、完全に仕組みが地上界に表面化するには、あと数年はかかるかもしれません。その間、気象変動や色々な変化が起こるかもしれませんが、全ては発展進化の方向に向かっていますので、感情的に揺れ動く必要は全くありません。

地軸は動き続けるのが自然ですし、プレートが沈むのも自然なことです。地震も地球の生命活動の一部ですので、止めないことのほうが被害を受けません。不安、心配、恐怖という人間意識が増えるほど、地球を固め、ひずみを大きくします。

いずれにしても、「古い神界」がもう完全に変わったことを、多くの人はまだ知る由もありません。ですから、今は主導権がなくなった「古い神々」に、相変わらずご自分の意識を接続したままなのです。うちの実母も、ずっと古い神名を唱え、古い氣を祀った神棚を拝み続けています。そうやって、古い神々と接続したままの方々の意識エネルギーのおかげで、古い神界も今のところは（4次元地球パラレルワールドとして）存続できています。でも、それもやがては消えゆくことが決まっています。

ですから、どうぞ古い神々に頼ることや、すがりつくことや、繋がることを止めていただいて、自らの魂のみを信頼し、創造主のアイに直接つながって頂きたいと願っています。

あなたが今までの古い神々に意識を合わせている限り、無限の発展もできなくなります。宗教に丸投げして執着することや、依存して骨抜きになることも不要です。

今回の人生では、「真の自己」を思い出し始めている方々もずいぶんと増えています。だからこそ、過去世からずっと強いご縁を結んできた「今までの神名」とはご縁を切るほうが、依存関係から脱却できて、自立した真の自己「I」に戻りやすくなります。

とはいえ、過去世からずっと長期に渡って、色々な神頼みをしてお世話になったわけですから、

「その節は、本当にありがとうございました」と、古い神々に感謝を述べた上で、固く結んだご縁の糸をテープカットなさって下さい。

「初発の呼吸」は、創造主の霊力

「霊力」と聞くと、皆様は何を思い浮かべますか？　何か特別な力だとか、サイキックな力だと思いがちですが、究極の霊力は、「創造主の命」そのもののことです。命は物質的なものではなく、バイブレーション（周波数）です。創造主の命のバイブレーションは、最高レベルの霊力を持っています。

そして私たちは、創造主からの命を、母親の胎内にいた頃からずっと授かっています。私たちがまだ五体満足な胎児の形になる前の、極小の長虫のような頃からです。まだ内臓もありませんから、肺呼吸もできない頃ですが、創造主から授かっている命の霊力が、そのまま私たちの呼吸となって躍動してくれていたのです。

私たちのカラダにとっては、それが真っ最初の呼吸（初発の呼吸）です。**これは「第一次呼吸」「初発の呼吸」と呼ばれており、「創造主の呼吸」そのものなのです。**

その創造主の呼吸が、やがては肺呼吸としても使われるようになっていくのですが、肺呼吸のことは、「第二次呼吸」と呼びます。

目には見えない第一次呼吸は、創造主の命だったのであり、神氣であり、霊力そのものです。

初発の呼吸（創造主の命）は、今もずっと私たちのカラダに授かり続けていますが、それに対して深い感謝の心はあるのでしょうか。

スピリチュアルを学ぶ方々でさえ、創造主からの命が「我が命」となっていることや、創造主の呼吸そのものが「我が呼吸」となっていることを、誰からも教えてもらっていないかもしれません。

私の場合、ありがたいことに、それを教えてもらう機会があり、その時から私は、折に触れて「初発の呼吸をいつも与えて頂き、本当にありがとうございます。アイの生き様として使わせて頂きます」というイノリをするようになりました。

今もずっと授かっている「創造主の呼吸」を「自分自身の呼吸」として一致させていかないと、創造主の「霊力」は出てきませんし、逆に、自分にサイキックな呪詛をかけることになります。

日常生活で私たちが何をするにしても、「創造主の命の霊力を使っているのだ」というハッキリとした自覚があれば、それをアイではないモノやコトに使えるはずがないのです。

創造主の霊力を使わせてもらっているという自覚が無いときに、私たちは「4次元・幽界」の意識に闇落ちしていきます。「自分の命を、自分の好き勝手に使って何が悪い？」という反発が湧くからですよね。そうやってアイ以外のものを広げていくと、カラダを壊すようになります。

どんな時も、何が起こっても、文句や泣き言を言うのではなく、「今の自分には、アイとして何ができるのか?」というアイのスタンスに戻ることが大切です。しかも戻ることは簡単なのです。なぜなら、戻る力も「霊力」だからです。

20代の人も、80代の人も、動くジャンルは違えども、いかなる時も、全体のために精一杯やること、精一杯のアイで奉仕すること、今の自分の精一杯をやることです。それは創造主の「霊力」を授かっているからこそであり、「精一杯のアイ」はどなたにも可能なことです。

あなたが、素晴らしい創造主の命（アイの霊力）を授かっていることに感謝の思いが湧く人であるならば、精一杯のアイをあらわし続けることが「本当に幸せです」と言えるはずです。清々しい思いでいっぱいになり、天地に対して堂々としていられるはずです。

精一杯のアイをやり続けることが日常の生き様になっていくと、アイを続けられたことにも「霊力の導き」があったことが分かり、ますます「ありがたいな」と思えるようになるのです。

何かをさせて頂いたことがすでにありがたいし、嬉しい。何かをさせてもらったことが、すでにありがたいし、嬉しい。自分のことと同じくらいに、誰かを大切にできた、それが本当にありがたくて嬉しい。

口に出すこと、しゃべること、全てのセリフをアイに結びながら話すようにしていきましょう。それが創造主の命を使わせて頂くということ、霊力を使わせて頂くということです。ネガティブな言葉でさえも、いくらでもアイから使えるのです。アイのスタンス、アイの生き様から決してブレない自分として言葉を話すとき、神氣が入った霊力を使うことができています。

天命の拝領《はいりょう》

全ての人が「天命」を持った状態で、この物理次元にやってきています。天命とは、まさに天の命のことであり、その命が地上界でやりたいことを意味しています。

ところが、いつからか、自らの大切な「天命」が分からなくなるほどの個人的な意識になり、さらには「天命」が観じ取れないような、鈍いセンサーのカラダになってしまったのです。もちろんカラダに罪は無く、私たちの意識の問題です。

魂ではない意識、つまり豊かではない意識や不安な意識をカラダに詰め込んだままですと、感覚センサーが眠ってしまい、天命が実感として分からなくなります。

たとえば、「この世には病気というものがある」「人はケガをすることがある」「この世に貧困や不幸は存在する」そんなアイではない意識を持っていませんか？ さらに「イヤな出来事がたまに起こる」「世の中には、イヤな奴が必ずいる」などと、どこかで思っていませんか？

「そんなものは無ければいいと思う。でも、世の中には実際にあるのだから仕方がないよね。だから、何とかしてベストな対応をするしかない」と、当たり前のように思っていないでしょうか？　「世の中には実際にある」とあなたが決めてしまうと、あなたの世界においてはその概念が確定されていきます。

そのような意識は、完全に「間違った認識」「不自然な概念」であり、魂からズレた認識なのです。まさにエゴの意識です。

そういう思いが世界中の人の「集合意識」にもなっており、あなたも当然のこととして、ごく普通にそう思いこんでいたため、今までは全く氣にすることさえ無かったかもしれません。

病氣、ケガ、不幸、貧困、イヤな人、イヤな出来事、そういうものが存在するのだという「自分の思い」まさにそれがモトになって「その通りの現実」を創っていくのです。

ということは、そういう「自分の思い」が完全にカラダから消えれば、あなたにとっては不幸も病氣も貧困も無縁になるのです。

ですから、自分の中に「間違った認識」があると思う方々は、徹底的に見つけて下さい。そして、ハートの内側のアイで溶かしましょう。ただし、いやになるほど、死にたくなるほど沢山ありますので、覚悟して下さい（笑）。輪廻転生して何万年も生きてきたのですから、当然です。

病氣や貧困と同じく、恐れというネーミングの波動も宇宙には存在しません。人間エゴが勝手に恐れというネーミングをつけただけです。アイが流れていない状態を、「勝手に」恐れと呼んだだけです。それと同じで、「豊かな意識」が流れていないことを、「勝手に」貧困や病気とネーミングしただけです。

「豊かな意識」とは魂の意識そのもののことですが、では、魂がいうところの「豊かさ」とは何でしょう?

決してお金や物や地位を所有することではありません。天地や自然界が喜ぶことをする、それが本当に嬉しいと思えることが「魂の豊かさ」の特徴であり、本質です。

制限や限界や否定が全く無い自由自在な意識も「魂の豊かさ」の一つですが、他の誰かをより良くすることや、他の誰かをさらに健やかにすることや、自分自身と接点ができた全てのモノゴトをさらに良くすること、それができることが嬉しくてたまらないのが「魂の豊かさ」です。

皮膚や肌の内側だけを「自分だ」と思うのではなく、外側にも自分のエネルギーが広がっていることを分かっていて、あらゆる全てとつながっていることが認識できることも「魂の豊かさ」です。

見えるものであれ、見えないものであれ、あらゆる全てのものとつながって、和合し、通じ合っていて、全てと調和しながら協力し合えることが「魂の豊かさ」です。先ずは今までの「自分の生き方」を完全に変えて、「魂の生き方」へとシフトすることが必要です。

結果として、たまたま「魂の豊かさ」がお金の結果になることもありますが、「お金」や「対価」が目的になってしまうと、「魂の豊かさ」は閉塞していきます。

「魂の生き方」だけを決意すると、宇宙創造主からの「天命拝領」ができるようなカラダの準備が整います。そして、ようやく「天命拝領」があなたの脊髄（せきずい）に流れ入るようになります。

「天命拝領」が脊髄に流れ込むような、魂としての素直な生き方に戻していくには、今までの色々な「しがらみ」をきれいさっぱりと断ち切ることから始めなくてはなりません。「しがらみ」の中にドップリと浸っていたいのが自我ですから、あらゆる「しがらみ」を切ることは、エゴを手放すための大前提です。

それは、孤立しろとか、離婚しろとか、家出をしろと言っているわけではなく、家族と同居していてもよいから、知人とも交流し続けて構わないから、あなたの内面において、彼らとの「しがらみ」「癒着」をきれいさっぱり断ち切って下さいということです。

そのための初歩的な技法として、あなた自身と相手との間に、「創造主」をはさむようにして下さい。もしくは「天意」をはさんでおいて下さい。そのように意識するだけで、お互いがお互いを操作し合うことや、支配することをせずにすむようになり、アイの関係性に戻れます。

一番やっかいな「しがらみ」は、過去の自分との「しがらみ」でしょう。未練なく断ち切って、全く新しく100％生まれ変わって下さい。意識も呼吸もアイに変えて下さい。その上で、過去の自分を癒し、救い上げて下さい。

私たちは皆、天命をまっとうするために地上界に来ているのであって、家族のカタチに執着する

（＝依存する）ことや、財産に執着することが魂の目的ではないのです。宇宙的には全く喜ばしいことではありません。

夫は妻を養うもの？　妻は夫に従うもの？　答えはＮＯです。「夫婦とはこういうものだ」「親子とはこういうものだ」という思い込みも断ち切って下さい。思い込みからではなく、思い込みを超えて、家族への真のアイをあらわして下さい。

思い込みが消えると、あなたの「脊髄」がスッキリしてきます。結果として「天命拝領」の流れを実感しやすくなります。

どうか男女を超え、親子を超えて、自他共に「魂の存在」「真の神」として尊重し合い、お互いが「天命」をまっとうし合うような生き方に変えていきましょう。

「時」の操作をやめる

私たちの頭には沢山の知識や情報が詰まっています。一般常識から考えて、「こうしたほうがいい」「こうしたら、うまくいった」というような過去の情報です。

でも、それは自分を中心にした個人的タイミングとしては良かったことかもしれませんが、全体や全員にとってのナイスタイミングではなかったりします。

個人的な頭で考えることには限界があります。あらゆる全てと調和が取れた発展繁栄を描くことができるのは、宇宙創造主にしかできないことだからです。

私たちは自分にとって都合のいい「タイミング」を引き寄せようとしがちですが、それは「時を操作」することを意味します。相手に自分のタイミングを強制するのも「時を操作」することです。そこにはお互いを敬うようなイノリが欠けています。

人はそれぞれに花開くタイミングが異なり、何かができるようになるタイミングもそれぞれ違うのです。お互いの発展繁栄のために、創造主は必ず「ベストタイミング」を用意します。「その瞬間」「その時」というものを、自他ともに申し分のないタイミングとして用意して下さるのです。ただし、天の意志に沿った生き様でなければ、タイミングを受け取ることは無理です。天が行う采配には間違いがないので、何かを操作したり、誰かをコントロールしなくても、自然に任せれば大丈夫なのです。

でも、天のパワーを我が物にし、自分にとって都合のよいように人やモノゴトをコントロールしたいという欲にかられていくと、天がもたらす発展の流れ（真の運氣）のタイミングからはズレていきます。

逆に言うなら、天の発展の流れ（真の運氣）からズレていないと、個人的な影響力や、サイキック・パワーや、呪術などを使えないのです。

ですから、天の全体繁栄の流れからズレても構わないから、アイからズレても構わないから、自分の操作パワーを使おうとしますし、人生を操作しようとするのです。こうやってエゴは、自分で自分の人生をコントロールしているつもりになり、舵取りをするつもりになっているのです。

そのようにして、過去の私たちは「時を操作する」「タイミングを操作する」ことを身につけてきました。

コトダマの力を使って、「この日までにやってくれないと困る」とか、「いつまでたっても成功できないかも」とか、「余命は○ケ月です」とか、「永遠に無理だろう」とか、「半年後にはこうなっているべきだ」とか、他者に言うことで、時を操ろうとしてきました。相手を脅し、コントロールするためです。

でも、そうやって誰かを脅した人は、必ずそれが巡ってきて、今度は自分が脅迫されます。

誰かの人生を「単なる統計学」にハメこむのも、時を操作することと同じです。まさに星の動きを操ろうとした占星術師や陰陽師のように、です。

幼少の頃、鉛筆の持ち方や箸の持ち方が間違っているとして、親からビシビシ叱られていたことはありませんか？

本人にとって良かれと思って「小学校に入る前に何とかしなきゃ」という矯正の圧力も、やはり「時の操作」になるのです。

そんなことをしなくても、天のタイミングを信頼し、本人ができるようになる時を待ち、ただただアイをもって（イノリをもって）まわりの大人が「見本を示す」だけで充分だったのです。

赤ちゃんは誰に操作されなくても、ちゃんとハイハイをし、必ず立ち上がり、歩き出し、走るようになります。天のタイミングが働くからです。適切な時が勝手に訪れるからです。

ですから、個人的な操作をせず、真のイノリをして、お互いの自然なベストタイミングを信頼することが大切です。

そして、ベストタイミングが来ているのに、いつまでたっても動こうとしないのも、「時の操作」をしていることになります。

天のタイミングが来ていることが分からないのは、自らが「時の操作」をやめることをまだ決意できていないからですので、「もう二度と、時やタイミングを操作しない」と決めましょう。

個人の願望から、全体の願望へ

本来、夢や願望は叶えるためにあるのですが、個人的な本氣をもとにした夢や願望、つまり、「主体」が自分個人になっている夢や願望のほとんどは、手放すべきものばかりです。

例えば、「愛しい存在を、この私が幸せにしたい」という願望は、「主体」が自分個人になっているので、手放すべき願望です。

「我が子を立派に育ててあげたい」という願望も、「主体」が自分個人になっているので、手放すべき願望です。

「あの素晴らしい外国に観光に行きたい」という願望も、「主体」が自分になっているので、手放すべき願望です。

「え？　なぜダメなの？」という反発心が湧くかもしれませんが、エゴの願望はいったん手放すべきものばかりです。

では、何も望んではいけないのかというと、そういうことではありません。「魂の願望」へと変容させればいいのです。


私たちは（神から）魂として同等に産んでもらっており、初めから同等に「つながっている」のです。エゴと違って、魂同士は初めから最善のアイでつながっていますので、これ以上、さらに強く結びつくこと（しがみつくこと）を求めなくてもいいわけです。

そして、アイ（敬い・感謝・祝福）を広げることが創造主の唯一無二の目的ですから、あなたにとっての「愛しい存在」のことを、自分ではない誰かが幸せにしてくれてもいいし、自分自身が幸せにしてもいい、そう思っているのが魂です。


たとえば、大切な我が子を立派に育てるのは、自分でもいいし、周りの誰かでもいい、そう思っているのが魂です。素晴らしい外国に行きたいという夢に対して、自分がそこに行ってアイを広げるのも素晴らしいことだけれど、自分じゃない誰かが行ってアイや幸せを広げてくれてもいい、本氣でそう願っているのが魂です。

「どういうことになっても、最善でありますように」「共に幸せが広がりますように」というイノリを広げることができるのが魂のアイです。

最近では物価が上がり、モノの価値が上がっていますが、これは発展進化の証でもあります。高い価値があるものが、価格面で上がっていくのは当然のことです。「高い価値」になったものを受け取れるような「私たち」になれる、まさにそのチャンスなのです。高くなった野菜、お肉、魚などを喜んで平氣で買えるような「私たち」になろうね、これが「共に良くなろう」という天の意図です。

あなたが魂として全員につながっていることを実感できているならば、「共に良くなろうね」と心底から思えますし、そう意宣る（いのる）ことができます。

自分個人が主体になっているような願望を手放すこと、それは自分が「個人的に」執着している愛しい存在を手放すことでもあり、我が子を手放すことでもあり、行きたい外国を手放すことでもあるのです。こんな文章を読むと、ご自分自身のエネルギーが「そがれる感じ」がしますか？氣分が良くない感覚になりますか？

でも、手放すことは、あきらめるということではないのです。歓喜のアイを広げることが天意であるのだから、宇宙全体の目的（魂の目的）であるのだから、最善で最高のタイミングにおいて、最適な人に「夢・願望」を叶えてもらえばいいのです。

「自分でもいい、他の誰かでもいい、地上に最も幸せが広がるような最善でありますように」という思い、これが自他一体の意識である「魂の願い」なのです。天地の願いなのです。この深いアイの意味が分かって頂けますでしょうか？　他者の夢や願望が叶うことを嬉しいと思える、それが魂です。

個人の願望（エゴの夢）の場合は、「叶うこと」そのものが目的になっています。叶った時、自分だけが嬉しい夢で、叶わないとガッカリする夢、それがエゴの夢（個人の願望）です。

全体の願望（魂の夢）の場合は、「叶ったあと」が本当の目的になっているのです。叶ったらどうするのか、それが決まっています。皆で一緒に喜び合えるような状態にしていくことを目的として定めているのです。叶った時、多くの人をもっと幸せにできる夢、自分以外の人が叶えても、共に喜べる夢です。みんなと「夢の共有」ができることそれ自体が、魂にとっては何よりも叶えたい夢なのです。

ダークサイドの存在からの「意識操作」「マインドコントロール」によって、私たちは個人的な夢や願望ばかりをインプットされてきました。天があなたにやってほしいことではありませんから、宇宙全体と足並みがそろわず、叶えるためのエネルギーが非常に少なくなります。宇宙全体と同じ夢でないと、いつも「色々な問題」が発生するのです。宇宙全体の流れに反抗しているからです。

いずれにしても、個人的な夢しか描けない場合、あなたの人生において、金銭面・仕事面・健康面・対人関係・家族関係・霊的成長の面などで、いずれまたギクシャクした問題が起こってきます。

そしてここで、他のセミナーなどでは聞けない情報をお伝えします。

多くの方が、ステキな夢の現実を「自分の外側」に創ろうとしますが、これがそもそも間違っていたのです。

「え？　だって現実は外側に創るのでは？」というご質問が来そうですね。でも、現実は自分の外側に創るのではありません。

世間一般では、個人の夢や願望そのものを「外側に」置いています。そして、自分の「外側に」実現しようとするのですね。

そのせいで、外側の夢や願いに振り回される。ご自分の内宇宙のアイのボリュームよりも、外側の夢の方が大体は大きいので、逆に実現できないのですね。

「外側」の夢の大きさではなく、「内側」のアイのボリュームが、弥栄な状態を実らせるためのエネルギーなのだと知って下さい。アイの実感が、現実化することの土台になるわけです。

「外向き」にならず「内向き」で

今、私たちが最優先で取り組むべきポイントは、自らの「内側」を大切にしなさいということです。根本的に大切なのは内側（内宇宙）であるのに、世間一般の方々の関心は、「外側」の世界のことばかりになっていますよね。

私たちは、いつも外側世界に意識を向け続けて、何とか物理的な現実が良くなるように操作して、頑張って生きてきました。いつも外ばかりを追いかけて、外に振り回されてきました。でも、モトモトの意識の在り方（魂の在り方）を取り戻す時が来ました。

なぜ「内向き」が大切かと言いますと、私たちの内側に「現実を創る中心」があるからです。

内側世界（内宇宙）こそが、全てを創造する「システム空間」です。創造の設計を行う「真の神界」なのです。

内側世界が「発生の世界」です。外側の見える世界は「結果の世界」であり、あくまでも内側の投影（鏡写し）ですから、内側が変わらないと、絶対に外側も変わりません。

ダークサイドの存在たちは、内側の中心から私たちの意識を外させて、外側のことに意識を向けさせておきたかった。意識を外向きにさせ、ハートの扉も外向きにさせ、外側のカタチや結果に心を向けさせて、感情的にアタフタさせておきたかったのです。私たちはまんまとその罠にハマったのですね。

意識を「内向き」にし、内側をアイ・エネルギーでいっぱいにすることが、内宇宙の全てを大切にすることであり、新たな「国開き」「国づくり」の秘訣なのです。

もうこれからは、外に向かって何かをするクセである「外向き」という概念をなくしましょう。

多くの人は、外側に関心があって、自分のマインドを主体として、外側に働きかけようとするのですが、外側に向かって「実力行使」のエネルギーばかりを巡らせるだけになります。外側に向かうエネルギーは、ハートの扉も外側に開くことになり、「闘い」のエネルギーに変換されてしまうのです。

たとえば、次のような実習をされてみると、違いがよく分かると思います。

A、ただ外側に向かって行為するだけ。

B、「私があなたにこうしてあげる」と、マインドで思ってから行為する。

C、内側でアイ（感謝・祝福・敬い）だけをビッグバンさせ、心地良く実感したまま、何の思考もなく行為する。

相手の方に本当にアイが浸透して広がるのは、Cの場合だけです。しかも筋肉テストや筋反射テストをすると分かるのですが、Cが最もカラダがパワフルになるのです。

世間一般では、よくあることですが、「ここが悪いから直そう」「あいつが悪いから何とかしよう」と思って外側に取り組みます。無理やりの実力行使に入るのです。思い当たりませんか？

特定の現実を「これは問題だ！」「これが悩みだ」と見なすことや、誰かの悪いところを指摘したくなってしまう時、何が起こっていると思いますか？　問題と悩みのボリュームを増やしているだけです。

そうやって外側のものに意識を向けて、「外向き」になるほど、あなたの内宇宙にはアイではないものが増えるばかりです。そして外側の悩みや現実問題はさらにひどくなります。相手の悪いところはもっと強まっていきます。

それは魂としての私たちがやることではありませんし、天地が喜ぶことでもありませんよね。

ですから今後は「外向き」の意識をやめて、必ず「内向き」の意識を中心にして生きてください。外側にいる誰かや、外側の現実に向かって、あなたの意識を外向きにする必要はなく、あなたの内側で「敬い・感謝・祝福」を常に観じ、ビッグバンさせつつ、その感覚のままで生き、カラダを動かすようにして下さい。

意外な盲点ですが、私たちの中で最も癒さなくてはならない部分は、良かれと思って行為する部分です。正義とか大我と呼ばれる部分ですが、ご本人はこれを「アイ」だと思って疑いません。でも実際は、自分で「良かれ」と思っている場合、ご本人のハートの扉は「外向き」になっているのです。ですから相手は、攻撃された感覚になります。あなたのハートの扉が「外向き」に開いている時は、余計なお世話をしている時であり、エゴの所業になります。むしろ、その「良かれ」を押し付けていく自分こそ、「癒しどころ」だと氣づいて下さい。

自分や他者をダメ出しする、自分や誰かの悪いところを見つける、短所を見つける、そういう意識そのものが「攻撃」であり、これからの新世界では不要になります。

もともと、宇宙には「悪い」という概念もなく、「短所」という概念もないのです。素晴らしい才能を活かしきれていないことを短所と呼んでいるだけです。今は才能の伸びが「短い所」かもしれませんが、敬って伸ばしていくと「長い所」になります。

ですから、自分や他者への分析コメントは不要で、現実人生への「ああだこうだ」も不要です。今後は、あなたの「主観」がもう不要になる時代です。

結論を言えば、誰の「主観」であっても、「主観」はカラダを壊します。ですから、自分や相手の良いところ、素敵なところを見つけてあげて、そこを意識して下さいませんか。あなたが意識したところが、自分や相手のなかで伸びていきます。そうやって自他の素敵なところが伸びていけば、短所は自然に消えます。

現実もカラダもさらに良くなっていくには、外側のコトに対して「外向き」で対処することからは起こりません。どうか「内向き」になって内宇宙のアイを大切にし、その状態のままで物事に対応なさって下さい。

第5章

今、もっとも
大切なことについて

一音成仏

今から書くことは、これからの生き方の基本中の基本ですので、どうぞ腑に落ちるまで読みこんで下さい。

まず、私たちは人間キャラクターではありませんし、思考や感情でもありません。もちろん、物理的なカラダでもないのです。つまり、魂（真の意識）の存在なのですが、その魂は純粋無垢な「一音」から生み出されています。


宇宙がアイによってビッグバンした時「たった一つの音」の波が発生しました。その「一音」から、他のあらゆるアイの音も発生しましたが、のちのちには雑音（ノイズ）なども生み出されていきました。

モトモトの「一音」は、充足した軽やかな歓喜であり、あふれんばかりの躍動（嬉し嬉し）の響きであり、この上ない至福の波であったのです。これが「コトダマ」です。

創造主からのアイの一音（コトダマ）がビッグバンによってあふれ出て、それは今後もずっと未来永劫にわたって拡大していくのです。この一音（コトダマ）に共鳴して生きていく存在は皆、どこまでも天地と共に弥栄であり続けるのです。


一音（コトダマ）は、宇宙の弥栄の意志が「情熱的なバイブレーション」となって現れたもののことです。この一音を変質低下させずに、声として口から放つことが、私たち本来の母国語でした。

昔の私たちは、一音を声にして出さない時でも、全身から放つことができていたのです。外側に広げることができていたのです。これがテレパシーです。ほとんどの縄文人が、そうやって一音を放って、地水風火とコミュニケーションし、昆虫や動植物ともコミュニケーションしていました。そこには限りないエクスタシー（歓び）があったのです。

この一音は、創造主のアイと調和の「響き」と言えます。全てを押し上げ、強め、さらにレベルアップさせよう、調和的に生育させようとする、最強で最善の「音響」です。まさに霊的な導きの流れ、叡智の流れです。「全てを良くしていこう。もっと極めていこう」という根本エネルギーです。

穏やかで、喜びいっぱいで、生き生きしていて、爽やかで、静寂で、スムーズで、澄み切っていて、優しくて、繊細で、柔軟で強いエネルギーです。

正義感、義務感、努力、頑張りのエネルギー、善悪のモノサシを土台にした善のエネルギーなどは「一音」ではありません。

ビッグバン以降、今もずっと「一音」のバイブレーションは放出され続けています。天音とか、祝音とか、玉音とか、歓喜音とも呼ばれます。西洋風に言うなら、真の天使がラッパを吹いた時の音響です。

この根源の（おおもとの）「一音」でしか、「真の癒し」も「発展的な現実創造」もできません。

ヒーリングする時だけ、にわか仕込みの「アイと調和」のバイブレーションになってもダメであり、常に一音であることが大事です。

「アイと調和」が分かりにくい方は、「いつくしむ感覚」と思って下さっても構いません。みんなを慈しむ、あなたにとってはどんな感覚でしょう？

例えば私にとっては、「あたたかくて優しい感覚」です。その感覚に全身が満たされて染まっていくようにしていきましょう。仕事の時も、遊びの時も、いつも心身ともに根源の一音であって下さい。

今、宇宙の波動が上がり、創造主からの「一音」もますます活発になってきましたので、静寂な感謝の気持ちで意識を合わせることができれば、誰でも「一音」に同調し、共鳴できます。「一音」と一体化できます。

あなたがこの最高の「一音」に耳を傾け、一音に意識をフォーカスしたまま、その涼やかな響きを全身細胞に響かせるつもりで「穏やかな呼吸」をしていると、宇宙創造主と共鳴します。（これが「神ながら」の状態です）

意宣り（イノリ）は、創造主の意志と自分の意志とを一致させるためにあります。穏やかな「呼吸」は、創造主の意志と自分のカラダとを一致させるためにあります。

創造主の命である「一音」を授かりながら、穏やかな呼吸の「体感覚」を実感し続けていると、たとえ色々な雑念、頭の中のおしゃべり、今ここに関係ない思考などが湧いてきても、すぐに「一音」に溶けて吸収されてしまうのです。まさに一音成仏（一音浄化）です。

ですが、日常生活において私たちが耳を傾けるのは「一音」ではなく、どうしても有音（具体的な日本語）や雑音（ごちゃごちゃした日本語）になりがちです。

頭の中にはそんなゴミばかりが蓄積され、つい、頭の中に浮かぶ思考（脳内のおしゃべり）や雑念のほうに意識が「からめ取られて」いくのです。

今、最も大事なのは、あらゆる思考に引っ張られないこと、頭の中の「おしゃべり」には絶対につながらないことなのです。「一音」の体感覚だけを大切にし、それ以外のバイブレーションは手放して下さい。

私たちは神界で「魂」として産んでもらった最初の瞬間から、（自らが決める最期の瞬間まで）ずっとずっとバイブレーション（音響）の存在なのです。実は、物理的なカラダの細胞でさえ、バイブレーションしているのですから。

私たちは皆、バイブレーションとして産んでもらっているという真実を忘れるから、見えるカラダや、カタチ（特定の自分）に執着するのです。

カラダが有ろうが無かろうが、あなたはずっとバイブレーションの存在です。それ以外の何者でもありません。グッド・バイブレーションなのか、バッド・バイブレーションなのか、あるいはそれらをはるかに超えた本来の「一音」なのか、その違いがあるだけです。

山へ芝刈りに　川へお洗濯に

「桃太郎」の昔話を読んだことがおありだと思います。細かなストーリーはさておき、お爺さんは山へ芝刈りに行きます。お婆さんは川へお洗濯に行きます。たったこれだけのお話にも、実に深い内容が込められています。

お爺さんは、今までの4次元地球での「古い生き様」を象徴しており、自分単独でどこかへ出かけていき、何かを「刈り取ろう」とか「狩ろう」とするわけです。自分が欲しいものを、自分のタイミングで得よう（勝ち取ろう）とする生き様です。それは「個人的な心」に支配されて動くことを意味します。人生を自分でコントロールするつもりになっています。それが悪いということではなく、天意からズレた古い地球での生き方だと知って下さい。

ところがお婆さんは、ただ川の流れに寄り添おうとしており、天からの巡りの流れに乗っている状態です。個人的な自分が人生のかじ取りをする氣はなく、個人的な心や思考を全く介入させていません。天に対する深い信頼があるので、「桃がやってくる流れ」を待つという大らかな生き様を象徴しています。お婆さんは本来の運氣という宇宙の流れに入っています。こちらが5次元以上の「新しい時代の生き様」の見本です。

この場合の川の流れとは、創造主のアイという「一音」の流れ、一音の響き（音の流れ）のことです。宇宙の根底にある一音の流れは、いっさいの自己主張的な思考はなく、無思考の波動の流れです。あらゆる存在を底支えし、うるおわせ、それらの未来永劫に渡る「発展繁栄だけ」を意図しており、実際にも発展繁栄を結実させてくれる神氣の流れなのです。

お婆さん自身が天意を生きる覚悟になっており、常に無思考（無我）の状態で、一音の波動で全身を震わせています。そうやって宇宙の川の流れ（一音）に共鳴しているからこそ、発展繁栄の流れが巡ってくるのです。


私たちも、身の回り（外側）に何が起きようが、内側の全てが無思考のアイ・バイブレーションでいる限り、必ず「桃が乗っている流れ」に出会います。桃とは宝のことですが、それは物質的な宝という意味よりも、皆を幸せにするためのオリジナルな才能のことを申しています。

たとえば、芝刈りに行くお爺さんは、物質的なものだけを「宝」だと思っているので、山へ木々を刈り取りに行くことしか頭にありません。でも、そんなお爺さんも、一音の流れに共鳴していくのなら、色々な種を植えて、多くの木々や木の実を豊かに育てる才能（＝宝）を授かるかもしれないのです。そうすると、その才能を発揮して、他の皆を幸せにできるのです。

ところが、色々な宝（桃）を乗せてきてくれる川の流れを待てず、川から離れてしまう人がいますが、世間の常識的な「思考」に引っ張られた時です。焦り、嫉妬、イライラ、不信、怒り、不安などをもとにした「ああだ、こうだ」という思考のことです。

思考はバラバラな主張をするノイズ（雑音）ですので、思考を持っていればいるほど「精神分裂病」になるばかり。身も心もますます健やかになる方向へ使われるはずの「一音」を、思考（雑音）の保存にばかり使われてきた、それが今までの４次元地球であり、今もまだその傾向は残っています。


いつも感謝にあふれ、穏やかなアイの呼吸でいると、川の流れ（一音）に寄り添っていることになりますが、今までの４次元意識に慣れてしまった私たちは、常識的な思考には引っ張られやすいのです。

「そんなふうに過ごしているだけでは、桃は入手できないかもしれない」という思考やイメージ、および、その思考やイメージのせいで湧き上がる不安や恐れによって、川の流れから離れてしまうのです。そして、自分個人の「思考」に引っ張られて、「刈り」や「狩り」をしに行くわけです。

外側に対応し、外側から自力で何かを得ようと頑張るのです。内側にはほとんど対応しないのです。内側のバイブレーションが外側現実を創るというのに。

アイ（一音）という川の流れに共鳴し、ずっと寄り添って生きるかどうか、まさに新時代への「踏み絵」です。そして、いつまでたっても桃が見えてこない時もあります。でも、よくよく知っておいて頂きたいのは、一音の流れそのものがすでに「桃以上」の秘宝なのです。

たとえ、もし、いっときはお金が無くなっても、ある瞬間に全てを失っても、自分に何が起こったとしても、内面が「一音」で満ちあふれている限り、最低限、絶対に心地良く生かされていきます。

飢え死にすることもなく、最低限のものは用意され、決して困ることはありません。そして、（もちろんのことですが）そこからが本当の意味での発展繁栄の開始です。楽々と豊かな波に乗っていけます。あなたが「そんなことは有り得ない」と思い込んでいるなら別ですが……。

執着している思考（考え方）を全て失うのは、あなたという容器を「空っぽ」にするためであり、もっと素晴らしい新たなものが巡ってくるのを受け入れるためです。それさえ分かっていれば、一音を見失わず、そこにチューニングして全細胞を震わせ（バイブさせ）ながら、穏やかな呼吸を体感していけると思います。そしてアイの実践を継続して下さい。

死んだ日本語が、また息を吹き返す時

ある日のことでしたが、師から真理のヒントをもらい、素晴らしい秘密を知ることができました。それはコトダマに関する秘密だったのです。

本来のコトダマは創造主の息吹きそのものであり、しかも、れっきとした「光の聖霊」「知的生

命体」であるのだと！

これを読まれた皆様はいかがでしょうか？　「え？　それが何か？」とポカーンとされましたか？

私にとっては、これはもう感動でしかありませんでした。

そのことを教えてもらう前の私は、コトダマも、言葉も、言語も、みな「同じもの」だと思い込んでいましたし、機械的な連絡事項の道具か、意志伝達の手段か、何かを説明するためのツールでしかないと思っていたからです。

人間が介入して色々な意味づけで限定する以前、まだ日本語としても完成する以前、「音の響き」そのものが、発展的な現実を創る「神氣」だったのです。すごいことです！

コトダマとは、あくまでも「全てがさらに栄えよ！」という天の意志の「音響」そのものであり、それ自身が生きた聖霊であり、発展繋栄を創っていく音響そのものだったのです。

皆様が思い込んでいるような機械的な言語ではなく、単なる言葉のことでもありませんでした。通信手段や、業務連絡としての言語のことではなかったのです。「コトダマ」と「言語」は、全く別物なのだと知って下さい。コトダマは生きて動いて現実を実らせるリアルな存在のことです。

宇宙の初め、創造主の「一音」からは他の色々な「音の響き」が生み出されました。まるでドミノ倒しのごとく、様々な音響（コトダマ）がイキイキと調和して生み出されたのですが、それもまた「神々たち」の誕生だったのです。

古事記では、創造主の「息吹き」から色々な神々が誕生したと書かれていますが、まさにその通りです。「ア」という響きはア神、「イ」という響きはイ神なのです。

ビッグバンで生じた最初の「一音」、その創造神をベースにして、そこからドミノ倒しで発生していったのが、他の様々な音響たち（コトダマ）だったのです。まさに神々の怒涛の誕生です。

たとえば、ク・ニ・ト・コ・タ・チという個別に生じた一音一音が神そのものですが、それらが調和して寄せ集まっていくと、多くの神通力（神氣）が和合した神になります。それがクニトコタチという非常に多才多能な神様（コトダマ神）だということです。

このように「本来の日本語」のコトタマ一つ一つ、どれをとってみても、大切な神氣を宿した神そのもの、知的生命体そのものだったのです。その神をこの世に放って（話して）、アイの響きを大きく広げることが本当のイノリなのであり、それは私たちの天命の一つでもあったのです。

もともと、日本語の一つ一つには「高次の音響（神氣）」が入っていたのです。ところが、いつからか私たちは、コトダマ（高次の神氣）ではない日本語、神氣が抜けてしまった「死んだ日本語」を話すようになりました。創造していく神々の氣を死なせたのです。

そうなった理由ですが、ダークサイドの存在や「まがつ神」によって、私たちの脳内に「死んだ日本語」がインプットされてしまったからです。氣が抜けたシャンパンのような日本語です。

音楽を例にすると、コトダマ（神氣）が入った日本語は432ヘルツで、死んだ日本語は440ヘルツということです。

なぜ私たちは、こうも簡単に「死んだ日本語」を、インプットされてしまったのでしょうか？
私たちそのものがアイからズレていったからです。自他を敬うことをしなくなり、今ここを感謝しなくなり、創造主の歓び（お互いを活かし合う歓び）から離れたからです。根本的な原因はただそれだけです

ある意味、人類全員がいったんは陥った魔道であり、悔やんでも仕方がないことですが、そうやって「一音」のアイと共鳴できなくなって、自らのバイブレーションが完全にアイとは異なってしまったがゆえに、あとは自然と「まがつ神」と共鳴し、「まがつ神のコトバ」につながってしまったのです。

残念ながら私たちは、まだまだ多くの死んだ日本語（概念・思考）をインプットされたままになっています。発展進化を創造するアイの一音は消え去っており、つまり神は消え去り、人工的な意味づけがなされた「形だけの日本語」です。創造の神が不在であり、神の奇跡作用がない日本語です。
それらの日本語には「上限」があり、発展的な創造をするための霊力が抜けています。建設的なことが何もない、ドミノ倒しのような奇跡も起きない、共に栄えることが全くできない日本語ばかりです。

ですから、私たちが脳内にインプットした死んだ日本語（色々な思考・雑念）に意識を向けるこ

とは、エネルギーがそこにばかり注がれることであり、電氣が流れていくのと同じで、あなたの生命力は減っていきます。

つまり、カラダの生命力が、脳内の死んだ日本語に流れ、「呪文」として活性化することに使われていくだけです。

これからの時代は、脳内にコレクションした死んだ日本語は、全て消去する流れに入ります。今まで皆様が脳内にコレクションした日本語を完全消去するには、そこに氣を取られず、意識を注がないで頂ければ、自然に消えていきます。

あなたが日本語として口に出している時も、出していない時も、あなたの全身全霊が一音でバイブレーションしていることが大切です。

たとえネガティブな意味の日本語であっても、あなた自身が一音でバイブレーションしているならば、アイのコトダマに変換されて発音されていきます。

エゴが容認されない新時代

天は（創造主は）、今までの時代を根こそぎ変えようとしていますが、もうすでに新時代の鋳型（ひな型）が物理世界にも降りています。不具合も、不足も、不備もない、完全なる新しい時代の鋳型です。

独裁者もおらず、特別な教祖もおらず、全てを大調和させていく自然な天意（アイ）が広がる時代です。ジャッジメントやネガティブな波動を全く残さない世界となります。この地上界から完全にネガティブ波動の存在が消えるのです。前代未聞の新世界の台頭です。

宇宙全体の「合意」により、この地上を真の神界と全く同じ世界にするにあたって、アイ以外のものや、ネガティブなものを、新世界には入れないでおこうとしています。結論を言いますと、皆様には、本当に新しい時代（未来永劫、共に栄える時代）が始まっているのだということを心底から理解して頂きたいのです。

もう、「好き嫌い」「個人の思考」や「ネガティブ感情」が容認されなくなります。個人的なコトやモノにこだわって執着している方は、新しい世界へは入れないのです。今までの歴史において、一極集中の権力を握ってきたダークサイドの存在たちや神々も、新時代では容認されなくなり、徐々に消えていくのです。

今までの思考のほとんどは、４次元のダークサイドの存在からインプットされたものばかりであり、制限と限界の思考ばかりですが、そんな思考（死んだ日本語）の常識に基づいて生きることや、感情に振り回されて揺れることが、もう許してもらえない時代が来たのです。

たとえ感情をおさえこんで穏やかなフリをし、表面上は揺れていない人であっても、「嬉し嬉しの感覚」に満ちあふれていないなら、これまた新しい時代には生きられません。

残念ながら、頭にストックした思考（死んだ日本語）につながると「制限や限界」の迷路に入り込むだけです。

天の思考、真の神々の思考は、アイの歓喜の「一音」にしかありません。


今までの時代だって、アイ以外のものやネガティブを、天が黙って容認していたわけではありません。アイではないものに対して、天や真の神々が真剣に「さとす期間」だったことに過ぎないのです。さほど素晴らしくもない自分（偽の自己）から脱却して、魂（真の自己）に戻っていくようにと「さとす期間」だったのです。

私たちがいつ真実を理解するのか、いつ魂の行為へと「100%」切り替えるのか、ずっと待っていてくれただけです。

天や真の神々が、どれだけ永く待ってくれたと思いますか？

それなのに、これだけの永い「さとす期間」を与えても、完全に魂へと切り替えないのであれば、その存在は4次元意識のままで「ジリ貧」へ一直線となります。脅すようで申し訳ありませんが、ここまでハッキリ言わないと、それこそアイではないと思うのです。

新しい時代は、今の状況に少しだけプラスα（アルファ）して「共に良くなろう」としているわけではなく、誰一人漏れることなく「どこまでもグングン良くなろう」としているのです。

最低限、ネガティブは完全に無くなります。

このように、ネガティブが完全に無くなる世界において、自分自身が少しでもネガティブな感覚を持つとか、ネガティブな言動をするようなら、一体どうなると思いますか？　自分自身の命が削られていくのです。本当に氣をつけましょう。もう今までの世界とは完全に違うのです。

ご自分の思考に振り回されるとか、感情の動きにアタフタするばかりですと、そんな波動を地上界に放つことが容認されない時代に移行していますので、アタフタする人ほど命が縮んでいきます。具体的にはカラダに大きなダメージが出ますし、現実面でのアクシデントに見舞われるかもしれません。

これまた脅していているわけではなく、自らが外へ放ったエネルギーによって地球にダメージを与え、そのダメージがブーメランのように巡ってくるからです。自らが出したものが巡る、これが宇宙の巡りのシステムです。

「嬉し嬉しの新世界」の設計図のバイブレーションが、すでにこの地上空間に降ろされていますので、先ずは「意識」をそこに合わせることです。いずれそうなる世界なのではありません。もうすでに今そうなっています。

それなのに、「自分にはその感覚が分からないし、実際の現実としても見えていないから、信頼できない」と思ってしまうなら、そこでもう新世界には入れません。そして入らない人にとっては、現実に見えてくるはずがないのです。

「そんな素晴らしい世界が、誰にでも分かるように現実として見えた時点で、自分を切り替えてもいい」そういう思考を採用する人も多いかもしれませんが、ハッキリ申し上げて、それでは遅いのです。

「素晴らしい世界が誰の目にも分かるように見えた時点」ですって？　申し訳ないのですが、そんな時点は来ません。**なぜなら「新世界の波動」に一致している者だけが、実際の新たな世界の具現化を観るからです。**

新世界に意識を入れていかない人は、４次元幽界の世界に（心身ともに）閉じ込められ、新しい世界を観ることも体感することもできません。

「思考のトーラス」から「カラダのトーラス」へ

よくあることですが、自分の頭の中で「私は、世間にとって良き事をしている」と思って生きている状態は、実際には弥栄な世界への「真の貢献」にはなっていません。「これは良き事だ」という限定的な価値感やジャッジを手放せていないからです。これは自己満足をしたいだけのエゴのやり方です。

宇宙はアイ・エネルギーの「巡り」で成り立っており、それが現実を創ります。だとしたら、もしあなたが軽やかなエネルギーであれば、どんな現実になると思います？　あなたが重く、緊張し、不安でいっぱいのエネルギーなら、どんな現実になると思います？　小学生にでも分かる話です。

少し専門的な表現を使わせて頂くなら、「巡り」のことを「トーラス」とか「周天」と申します。ありがたいことに「トーラス」は、すでに宇宙創造主によって「道スジ」として創られています。創造主がビッグバンと同時に創ったのが「エネルギーの道スジ」です。アイの通り道のことですが、そのエネルギー回路が先に創られたことで、そこをアイの波動が通り、現実のカタチとして実るのです。

今までの時代は、「思考のトーラス」が中心でした。思考を中心に生きるよう、思考をグルグルと巡らせるよう、人類は仕向けられ、操作され、コントロールされてきたのです。

でも、これからの時代は、アイをカラダに巡らせる「カラダのトーラス」になっていきます。

「嬉し嬉し」の感覚を全身に行きわたらせ、頭が空っぽの清々しい状態で軽やかに行為できるよう、「カラダのトーラス」を回し続けていく時代になったのです。カラダのトーラスは、５次元世界を生きる上でも基本的な大切なことです。

各自がそれぞれの内側で歓喜アイの巡りを起こし、カラダのトーラスを回すことが「国づくり」「国開き」につながっていくのです。

ただし「カラダのトーラス」を回すには、私たちの体内の浄化や癒しをドンドン進めていくことが求められます。なぜなら、私たちのカラダの中には、いまだに抑圧されたままの「思い込み」や「概念」や「感情ブロック」や「言葉」や「思考」などが無数にあり、そんなものが残っていると、せっかくのトーラスの速度をジャマするからです。個人的な思いの全てを完全にクリアリングしていかねばならないのです。

私たちは弥栄発展に奉仕し、貢献するために今ここに生かされていますが、「奉仕する」「貢献する」という意味をかなりの人たちが勘違いなさっていますので、そこも明らかにしたいと思います。

天が私たちに望んでいる「奉仕・貢献」とは何のことでしょうか?

それは「物理的な何かをする」ということではなく、万物万我の波動が「高速スピンで回転し続ける」ことへのお手伝いです。動植物も、昆虫も、自然界も、物質も、宇宙の全てが生き生きとした「高速スピン」「高次の波動」になって輝いてもらえるよう、お手伝いすることなのです。

いわば、全てをエネルギー的に「底上げする」ことであり、さらに歓びを底上げすることであり、そこに向けてお手伝いすることなのです。分かって頂けますでしょうか?

あなたがどこに配置されていても、どの立ち位置に置かれても、あなた自身の光の柱「I」から歓喜の巡りを起こし続け、アイのトーラスをカラダで起こし続ける生き様であるならば、あらゆる生命を高速スピンにすることができます。これが最高最善の全体貢献になるのです。

二つの中心（アイとエゴ）

世の中には、色々な決意をする人がいらっしゃいます。「私って怖がりだけど、何とか頑張って勇気ある自分になるわ」という決意。

「貧困感・欠乏感を感じやすい自分だけど、何とかして豊かなバイブレーションを実感できる自分になってみせる」という決意。

「すぐにカチンとするし、カーッとなってしまう僕だけど、何とかして穏やかでアイに満ちた自分になるぞ」というような決意。

つまり、「今はアイではない自分」だけど、それを何とかして「アイの自分」へと高まろうと決意して、その努力に入るわけです。

でも、これでは何も変わらないのです。貧乏性の自分が、富裕な感覚の自分にはなれません。怖がり屋さんの自分が、勇気ある自分には決してなれません。感情的に激しい自分が、穏やかなアイの自分には絶対になれないのです。

え？　なぜかって？　それは、それぞれの自分が現れる「ポイント」が、全く別個で異なっているからです。エゴが現れるポイントと、アイの魂が現れるポイント、この二つのポイントが別々

になっているからです。

したがって、真の自己である豊かな波動の自分、勇気ある自分、アイにあふれた自分は、「別のポイントから」全く新しく発起していくしかないのです。そして、すでに現れてしまっているエゴは、癒してあげるしかないのです。

古い著書にも書いたことがありますが、今あらためて必要な情報ですので、「二つの中心」について書かせて頂きます。

私たちの中心は、本来ならば「真の中心」だけでしたが、「偽の中心」も創られてしまい、これがあらゆる葛藤と悩みの原因になっています。**葛藤をなくすためには、「真の中心」を自覚することがいかに大切か、分かって頂ければ幸いです。**

…………………………

今一度、エゴが発生する由来を知っておいて頂こうと思います。今世、あなたのエゴが発生するのは幼少期からです。エゴのシステムは子供の頃から起こっていきます。どの赤ちゃんも、母の子宮の中では（宇宙空間の中と同じで）この上なく深い至福に満ちています。完全に母親の空間と調和しており、母親と別な魂の存在であることなど全く知りません。

子供には、まだ「自他の区分」というような境界線が確立していないため、母親が健全なら、赤ちゃんも健全です。母親が不安なら、赤ちゃんも不安になります。まさに「自他一体」「全一」の境地なのです。母親の状態が何であれ、子供にとって「境界線」が全く無いということ自体は、最も純粋な至福状態です。全一（つながり）の実感があるからです。

ところが、それは必ず失われていく運命にあります。

子供は母親との完全なる結婚の状態にあったのですが、今それは失われ、母とは離れてしまいます。子宮の中では、母親が自分自身であったのに、誕生後は、「自分とは何者か」を自分で見つけ出さなければならなくなります。子供の全存在は、「自分とは何者か」を知るための探究の旅となっていくのです。


早いうちから子供には、必ず世間からの訓練が施されます。自然のままではいられないことが強要されていきます。決して真のアイからではなく、「良い子」にするという操作支配から強要されるのです。これは、あなたに関する実話です。「よその子」の話ではありません。

世間は色々なことをして、子供をその「自然な中心」から連れ去ろうとします。結果、子供のマインドに、新しい「別の中心」が作り出されてしまいます。本来の「自然な中心」ではなく、人工的な「偽の中心」が作られるのです。


まっ最初、子供は自分の【周囲のもの】に氣づくようになります。そして、「このオモチャは自分の物」「このママは自分のもの」というように、子供は色々な「所有」を開始し始めます。これが、私たちの自我（エゴ）の中核構造です。骨組みです。

幼い子供は、その可愛い仮面（良い子）の下で、実に嫉妬深く、所有欲が強いのです。ほとんどの子供は、自分のママやオモチャを守ろうとし、その上に、ありとあらゆるものを他の人から上手に（時に暴力的に）取り上げようとします。自分の所有物に執着し、なわ張りと支配権を主張するようになっていきます。

いったん【自分のもの】という所有の感覚が入ったが最後、あなたの人生は大人になってからも、競争・闘い・暴力・攻撃・苦闘の連続となるのです。

次に来るのは【私】の発生ですが、これが「偽の中心」からの発生になっています。ソレもコレも「私のものだ」という感覚を通じて、ある日突然、子供には「所有物の中心、それが私だ」という「思考」が現われてきます。所有物が子供の縄張り（境界線）となり、【私】に関する偽の思考が出てくるのです。

そして、この【私】にドンドン慣れていくと、縄張り（境界線）の外側に居るのが【あなたたち】という他者になっていきます。

子供にとって、縄張りの外側に居る「他者」が明確になるにつれ、自と他は分断され、物事はバラバラになり始めます。人生そのものがバラバラになっていきますが、この状態が大人になっても引き継がれていくのです。

………………

大人になってからの「所有」は、物理的なものに限らず、思考や知識もたくさん集めていくようになります。そして、どんなに素晴らしいアイの情報や本当の叡智を所有したとしても、「偽の中心」から生きている人は、その真理の深みが分かりません。ただ「貯蔵する」ことしかできません。

授かった叡智を「生き様」として、カラダで世の中に現すことをしないのです。スピリチュアルな叡智をただ頭に「貯蔵」するだけなら、あなたの真の中心（＝魂）は腐っていくだけです。

もともとは私たちの意識には分断がなく、大いなる一つだったのです。「無意識」と「醒めた意識」との間にも分断は無かったのです。

でも、分断が起こったのは「別の中心」が作られ、その「偽の中心」であるエゴから生きていくようになったからです。

あなたが葛藤し、苦悩し、いつも緊張しているのなら、先天的な本質である「真の中心」と、後天的な「偽の中心」と、二つの中心を持っているからなのです。

偽の中心は「もらう側の意識」「欲しがる側の意識」です。いわゆる4次元（幽界）の意識なのですが、全てを「閉じる方向」「縮む方向」に向かわせる意識です。宇宙創造の中心とは直結しておらず、「無尽蔵」とつながっていません。ですから、どうしても「足りない」とか「無い」という不足・欠乏の意識になってしまうのです。

そして、あなたが偽の中心の「もらう側の意識」の人である限り、真の中心（魂の井戸）は枯れて壊れていきます。

世間や社会があなたに行ってきたことは、「偽の中心」を意識させ、「外側の成果」を追いかけることに「成功イメージ」を持たせたことです。

そして、あなたが過去世から延々と続けてきた「感情的な犠牲者」の自覚でいる限り、「偽の中心」の奴隷になります。「感情的な犠牲者」の自覚を持ち続けることによって、自己破壊の衝動を強め、早く老化します。

「感情的な犠牲者」は、真のあなたそのものではありません。あなたの観察対象（エゴ）でしかないことを忘れないで下さい。

逆に、真の中心は「授ける側の意識」「提供する側の意識」です。最初から「足り」の感覚が土台になっているのです。何かを得ることを通じて、達成感や満足感を欲する必要がありません。いつも至福と歓喜の意識なのです。

これが5次元以上の意識ですが、全てを「開く方向」「伸ばす方向」に向かわせる意識です。あなたが常に「授ける側」の意識の人である限り、「無尽蔵の領域」とつながり続けます。

無尽蔵！　無制限！　素晴らしいですね！

低俗な欲　高尚な欲

幼少期に、「所有物の中心、それが【私】だ！」という思考が現れてからというもの、その「私」を生きることが人生の目的になってしまったのが人類の歴史ですが、そんな「私」に疑問を持った者たちは、「自分とは本当に何者？」という探究をもっと深めるようになります。

そして、もともとの「真の中心」であるアイの感覚を少しずつ思い出す者が出てきます。いわゆる覚醒であり、悟りの境地を思い出すのです。

でもその時についー瞬、エゴの所有欲に関して否定的なジャッジをしてしまうならば、またしても「真の中心」から離れてしまうのです。

というのも、禁欲の状態（欲の抑え込み）は天の本意ではないからです。カラダや魂の本意でもありません。いかなる欲であっても、もともとは宇宙大生命（アイ・エネルギー）の現れであるから、それを否定する必要はないのです。その欲をさらに全体のお役に立つものへと変容進化させればよいだけです。

つまり、欲そのものが問題なのではありません。欲エネルギーを自分中心に「偏った使い方」をする時に、全体繁栄のお役に立つエネルギーではなくなりますから、そこが問題だということです。自分中心の「偏った」使い方をしている時、エゴ（偽の中心）が優位の生き方になっています。

たとえば、欲エネルギーが「低俗な欲」から離れて、「上位」の聖なる高次のほうにばかり偏って流れると、物理的な世界への「禁欲状態」となってしまいます。実はこれもエゴ（大我）なのです。

高尚な欲へ偏っているだけですから、物やコトに執着しないという「見せかけ」にはなっているかもしれませんが、あいかわらず低俗な欲は、隠れた執着や未練として残っています。

低次も高次も分けへだてなく、全てを栄えさせようとするのが「真の中心」ですので、低俗なエネルギーだけが拒否されてしまうと、物理的な世界は発展できないのです。

逆に、欲エネルギーが「下位」の物理的な世界のほうにばかり偏って流れると、表面的な浅い快楽と興奮だけにとどまり、奥深い「霊的な満足」は絶対に起こりません。これが一般的によくあるエゴ（小我）です。

ただ、低俗な下位への欲にも意味と価値がちゃんとあるのです。欲エネルギーが下位に偏って、充分に経験されることによって、その下位への欲の経験だけでは決して「深い満足」「霊的な納得」が得られない、そのことにハッキリと「氣づく」ことができるのです。

食欲・性欲・金銭欲・名誉欲・物欲などを否定して、「上位」にばかり偏ることが「聖なる欲」なのではありません。低俗な欲への執着が完璧に「変容」して、聖なる全体愛という創造主の欲にまで「昇華」するためには、低俗な欲への執着そのものを自分に充分にゆるし、あるがまま純粋に体験して、さらに個人の欲そのものを「超越」していかねばならないのです。低俗な欲にも泥くさく向き合って下さい。堂々と経験して下さい。その低俗な欲にも真の中心の「敬意・感謝・祝福」をはらい、真の中心へと欲を融合することによって、初めて本物の「聖なる欲」「神の欲」「天の意」へと変容進化することができるのです。低俗な欲への拒絶や抑圧、高尚な欲への執着という二極化の偏りからは、何も学べず、無味乾燥な旅になるだけです。

こうやって見てみますと、高尚な欲も低俗な欲も、「個人中心の欲」「偽の中心の欲」でしかありません。二極化した欲のどちらに傾いても「サイキックな方向」へ行くばかりで、「アイの現し」からは遠ざかるばかりです。

ですから、高尚な欲に対しても、低俗な欲に対しても、どちらにも意識を引っ張られることなく、それを超えた最高の頂点であるアイのスタンスで居続けるようにして下さい。

その上で、高尚な欲、低俗な欲、この双方に対して「ますます進化して栄えて下さい」というイノリをし、双方ともご自分のハートにおさめて下さい。

空間からモノが出る　消える

いきなり空間からモノが出ることは「奇跡だ！」と思ってしまいますが、空間にモノをなくすことはさほど奇跡とは認識していなかったりします。実は、私はよく空間にモノをなくすという時期がありました。

ある日、喫茶店でたくさんのチャネリング情報が降りてきたので、たまたま持っていたコピー用紙に必死で書きとめ、「あとでブログに載せよう」と思い、一氣にコーヒーを飲みほして急いで自宅に戻り、カバンを開いてみたら……

「ない！」書いたばかりの資料が無いのです。

別の日にも、セミナー用の資料を無くすまいと氣をつけて、指差し確認までしてバッグに入れたのですが、セミナー会場に着いてみると、その資料だけが消えていたことがあります。

もう何回もこんなことが起きていた時期がありました。

一番大事にしていたお氣に入りの帽子も、自宅に戻って玄関に置いて、そしてリビングに向かって少しだけ歩いたのですが、イヤな予感がして玄関に戻ってみたら、帽子が消えていたこともあります。

このときはさすがに我慢の限界を超え、「ふざけないで！　いいかげんにして！」と天に向かって叫んでしまいました。頭の毛が逆立つほどに怒りがこみ上げてきたのです。

これらの出来事が教えてくれることは、眼の前に見える物質や現実の出来事は、常に空間に消えたり、空間から出たりしているのだという真理です。

そして、この世から消えることがなければ、この世にまた新しいものが出てくることができません。ですから、消えることを恐がっていると、逆に、物を失う経験を沢山することになるのです。

以前の私は、なくす、失う、喪失するという出来事が「良くないことだ」という思い込みやジャッジがあり、それらの出来事を、私自身がまだ「感謝」「祝福」できていなかったのです。モノを空間から出す自分は価値があるけれど、モノをなくす自分はダメだというプログラムがあったのです。

皆様はいかがでしょうか。なくす、失う、手放す、離れる、別れる、などに対しては「不幸なこと」「良くないこと」という思い込みがありませんか？　マイナス（＝陰）は良くないという洗脳プログラムです。逆に、手に入れる、得るというプラス（＝陽）のみが素晴らしいというプログラムを持っていませんか？

この「プラス・マイナスの二極（陰陽の両極）」「表裏の二極」に対して、どちらが欠けても宇宙創造の仕組みではなくなります。手放すことと手に入れることで、陰陽一対です。崩壊と創造とで、陰陽一対です。陰陽一対の働きがテンポよく起こってくれるおかげで、物や事が進化できるのです。陰と陽が融合して進化発展していくのが「宇宙空間」ですから、陰と陽の働きに対して、どちらにも「ありがたいなぁ」と内側で実感できるなら、不満な現実が発生することはなくなります。

逆に、「ありがたいなぁ」という感謝が欠落し続けると、あなたの内面には「物足りない感覚」

が広がっていくばかりです。そして、物足りない不満な現実を創ってしまうのです。

「ありがたみ」を心から実感していないとどうなるか、その分かりやすい例をお話しします。もう20年ほど前のことですが、ある20代後半の女性のご相談です。これまでのご相談の中で、彼女の相談ほどビックリする内容に出会ったことはありません。彼女はこう言ったのです。

「私は昔から全ての願いが必ず全部叶うのです。１００％です。全部叶うことがどれだけ苦しいか分かってもらえますか？」と。

その時の私は一瞬「？」となり、からかわれているのかな？　としか思えませんでした。

今なら、「感謝を忘れた時から、自分の内面が虚しく（苦しく）なるのですよ」とアドバイスできるのですが……。


彼女は、見た目はごくごく普通の女性ですが、勉強すれば成績も上がり、健康で病氣もせず、事故にもあわず、家も裕福、スポーツもでき、好きになった異性とは全員両想いになり、結婚もできて、とにかくどんな内容であっても、自分が思うと必ず叶ってしまうのだそうです。

「もう今後の人生も全て思い通りになることが分かっています。願いが叶わないとか、苦しみがあるとか、それが一体どんなことなのか本当に分かりません。不倫でもすれば苦しみが分かるかと思い、実行してみましたが、一向に苦しくなれませんでした」

「？……」という感覚の私。

そして、彼女は私のところにご相談に来られた段階で、実際に自らの意志でホームレスになっていました。でも、洋服も不潔ではなく、白い木綿のブラウスに白いスカートで、なんとも品格のあるホームレスでした。彼女は話を続けます。

「ホームレスになればきっと不幸が分かるかもしれないと思ったのですが、やっぱり普通なのです」と。

彼女は一般人とは「真逆の悩み」ですが、必ずしも「何らかの状態」や「特定の現実状況」が人を幸せにするのではないということを教えてくれる出来事でした。幸せは「外側」のものでは補えないのです。

彼女には、何かを手に入れれば（＝陽になれば）、喜びが実感できるはずという「思い込み」がありました。逆に、何らを失えば（＝陰になれば）、苦しみが実感できるはずという思い込みもありました。それらの思い込みの全てが、彼女の苦しみの原因になっていたのです。

彼女に徹底的に欠けていたもの、それは生かされていることへの感謝（ありがたみ）です。そして、弥栄発展へのイノリ（決意表明）による奉仕の生き様が欠けていました。

「永遠に皆で共に栄えていきましょう。そのために私は喜びをもって奉仕し、あらゆる全ての発展生育にアイで貢献します」という大切なイノリ（決意表明）による奉仕でした。

とにかく「ありがたみ」を実感して生きていなかったのですから、とっくに彼女は苦しみの状態に入っていたということです。ヒリヒリする激しい苦しみではなかったとしても、「虚無感」でいっぱいだったことでしょう。

私たちの幸せや喜びのエネルギーは、はじめから創造主によって授けてもらっていることを忘れてはならないのです。それを自分の内側で、日々素直に実感していくことが大切なのであり、外側の物理的な条件が何であろうと、内なる幸せ（実感）には何も関係がないことを知っておいて下さい。

ありがたいなぁ、幸せだなぁ、という「内的実感」のボリュームが先にあるからこそ、その通りの「外的状況」が創造されます。

空間（量子場）の聖なる目的

創造主が開いた純粋な「宇宙空間」それを地上の専門用語で「量子場」とも言います。そして、その空間（量子場）には、本来の神聖で大切な目的がありました。創造主が何よりも先に空間（量子場）を創ったのは、どんな目的があったのでしょう？

空間を創ったのは、その空間に受け入れる全てを「さらに生育させる」「もっと良くする」という聖なる目的のためでした。

空間そのものが「宇宙の苗床」になっているのですね。一般社会では、空間のことなど誰も氣にもしないのですが、本来の空間には、全てをもっと良くしていこうとする「推進力」が沢山あふれかえっているのです。創造主や真の神々のアイがいっぱいだということです。

全ての空間は、それ自身が発展するためにも存在していますが、他の全てをもっと良くするためにも存在しています。

もっと良くするために、あえて何かを終わらせることもありますし、あえて何かを始めることもあります。空間には、空気だけでなく、高次元のものが存在し、神々も存在して活躍しているのです。普通の人には信じてもらえませんが。

そのような素晴らしい「神の推進力」「霊力」だらけの空間を、あなたがちゃんと「神聖な場」「敬うべき場」として認識しているかどうかで、場のサポートを得られるかどうかが決まります。

あなたが「この場」を常に感謝し、祝福し、敬っているのなら、必ずそのようなイキイキした空間になっていきます。「国づくり」とは、空間づくり（場づくり）のことなのです！

あなたがずっと常に「この場」「この空間」を尊んできたのなら、あなたの体調が少し悪い時でも、あるいは人生そのものの調子が悪くなった時でも、集中力が途切れた時でも、「この空間」に助けられ、サポートされるのです。

あなたがどういう意識で、どんなエネルギー状態で「この場」を管理するのか、全てはそこにかかわってきます。空間も場も、あなた自身の責任による「管理」の問題といえます。

武道の稽古場では、必ず場におじぎをし「礼！」の氣持ちから場を敬います。そうすると、なぜか自らの技能がアップするのです。

それと同じで、たとえば会社という空間に入る時や、セミナー会場に入る時や、遊び場という空間に入る時、電車や車の空間に入る時、心の中で「礼！」をしているかどうかで、場の応援が格段に違ってきます。

場という場、空間という空間は、全て創造主が創った空間ばかりです。ということは、神社だけでなく、あらゆる空間が「神域」そのものであり、感謝や祝福をささげるはずの場だったのです。

場への敬いを忘れていると、場の応援が得られず、自分にとって不都合なことも起こってきます。今一度、場が持っている素晴らしさの基本にたちかえり、空間が存在することの「聖なる目的」を明確に理解し、あなたが常に「感謝・祝福・敬い」を重ねていくと、空間からのサポートが沢山入るのです。

意識と空間は、共鳴し合います。あなたの意識は必ず空間（量子場）に影響を与えますので、不安・疑いの思いを持ったり、感じるならば、一氣に場の推進力がダウンします。

「ああでもない、こうでもない」そんなモヤモヤした雑念を振りまいていると、ボ〜ッとするような意識の場にしてしまいます。いつも無意識にボ〜ッとするクセの人は、ご本人のボ〜ッとした意識の影響を神聖な空間に与え、その場を台無しにしているのです。

「空間の感覚が分からない」と口にする人「いまひとつ、空間が感じにくい」という人は、空間を全く敬っていないために、空間と仲良しになることができていません。ですから空間のことが分からないのです。

ご本人が空間のことなど眼中にも無く、無の空間に感謝もしないとき、その空間をトーンダウンさせます。つまり、空間の感覚が薄くなるのです。その場を乱すような「文句」「思考」「感情」を発動するなどもってのほかです。アイ以外を発動することはやめましょう。

もしあなたが、地球の空間に対して、「ここは苦しい世界だ」という個人的な認識をすれば、あいかわらず地球に「苦しい世界」を創って存続させていくことになるでしょう。

「ここは修行の場だ」という認識をすれば、修行ばかりするような世界を存続させていくことになります。

「癒しの場だ」という認識「ありがたくて尊い喜ばしい場だ」という認識をすれば、その通りの空間になるのです。

私自身、ハッと氣づいたのですが、そもそも宇宙には「苦しい世界」など存在しなかったと。いずれにしても、「苦しい世界」という認識や概念を、私たち自身が（勝手に）持ち続ける限り、どんなに苦しい世界をなくそうとしても、ずっと存続させ続けるのです。ここは、どうか分かって頂きたいと思います。

あなたの意識が全てを決めますから、場や世界への「自分の認識を変える」ことが何よりも先なのです。あなたの「意識」と「空間」は共鳴します。あなたの「意識」が「全ての場」に影響を及ぼす、これを忘れないで下さい。

魂は磨いていくもの

私たちの意識の奥の奥には、色々なゴミやガラクタが放置されたままになっています。表面の意識や頭にはサッパリ分からないことですが、理由もなくイライラしたり、何となく晴れやかではない感じがしたり、重い気分を引きずっている時、意識の中の古いガラクタが処理されていないことを教えてくれています。

こんな状態のままであれば、仕方なく生きているだけになりますし、仕事を頼まれても反発しながらイヤイヤ従うことになります。地上界にて「イヤイヤ生きている」のであれば、その内面世界は、まるで餓鬼界か4次元幽界です。

考えてみますと、私たちは「消失」「紛失」「崩壊」というものを、ずっと嫌ってきました。崩壊の働きを否定するのですから、古いエネルギーが崩壊されず、エネルギー処理が全く出来ていないのです。古いものばかりが残って、新しいものが生まれる余地がありません。

今こそ必要なことは、私たちの意識の中にある過去エネルギーの清算で、意識のクリアリングを進めることです。

今は、何かをガンガン取り込むことや、内面に詰め込むことよりも、意識の中から全てを「引き算」していくことが先なのです。意識の中のガラクタを綺麗に断捨離し、意識の汚れをふき取ることにコミットして下さい。


頭の中や意識の中をクリアリングしていくと、私たちの内面にエネルギーの曇りがなくなり、スッキリ爽やかな氣分になります。そして多くの人はこれが最高の状態だと満足してしまいます。

仕事にしても、反発心も湧きませんから、いやがることなく、言われた通りに（設計図どおりに）素直にやれます。でも、特に感動し続けているわけではありません。地上界にて「普通に生きている」だけです。内面世界は人間界のままですから、命じられたことだけをやっています。

特に進化発展はありません。


意識のクリアリングは最優先ですが、さらに魂の意識を磨き上げ、もっともっとその輝きを増すように磨いていくと、本来の生命力があふれてきます。

本来の生命力は、あなたが思っているよりも相当にパワフルです。宇宙がビッグバンした時のエネルギー、それが私たちの生命力であることを考えれば、生きていることが嬉しくてたまらない、笑いがこぼれて仕方ない状態が当たり前のことであるはずです。

今ある全てを進化させるには、魂を磨き込んでいくのみです。磨いて、磨いて、全てに対して

「最高の思い」で真心を込め、魂の息吹きが全てに対して吹き込まれることが求められます。それができている時、私たちは地上界にて「喜んで生きている」ことになるわけです。内面世界（内宇宙）はまさに真の神界になっています。

いつも思うことですが、私たちの内面から「ありがたみ」の感覚が薄れると、【足り】の喜びが消えていき、真の中心「I」からズレやすくなります。真の中心に居続けるためにも「ありがたみ」の感覚を薄れさせたくありません。

エゴ意識を浄化し、クリアリングしていくほどに、「ありがたみ」の感覚もよみがえってきます。エゴ意識のクリアリングに関しまして、色々な浄化の作業をすることも一つの方法ですが、今までは氣づくことができなかった宇宙的なアイの深みに感動したり、自然界の普遍的な真理が心の琴線に触れた時などには、勝手にクリアリングが起こってしまうことがあります。

以前、あるメッセージが降りてきたとき、ただただ清々しい涙があふれ、幸せで胸がいっぱいになったのです。そして、大体のことはクリアリングされ、エゴの意識も癒されてしまったのです。ふと思い出した大切なそのメッセージを書かせて頂きます。

…………………………

そこに布団があることを当たり前だと思っているのか？

自分がお金を出して買ったから当たり前だと？

そこにソファーがあることを当たり前だと思っているのか？

自分が手に入れたから当たり前だと？

今、普通に家があることを当たり前だと思っているのか？
自分が家賃を払っているから当然だと？

自分のところに風が吹いてくるのを当たり前だと思っているのか？
大地が崩壊せず、自分を支えてくれているのを当たり前だと思っているのか？

見えるもの、見えないものを問わず、今、あなた方の周囲に存在してくれているあらゆる全てが、何故どこにも去らずに、あなた方の傍（そば）に居てくれていると思う？

あなた方のことを無条件に愛してくれているからだ！
そこに「むすび」の力、神の力が働いているからだ！

それを本当に理解しているか？
理解していないなら、なぜ理解しようと努力しない？

自分がアイと歓喜を放出できないなら、
せめてアイを向けてくれている存在に気づけ！

路傍に咲く花でさえ、ただ通り過ぎてしまうだけのあなたを「愛している」というのに、だからご縁があったというのに、彼らのアイが聴こえないのか？

地水火風、万物万我、今のあなたの「周囲に居てくれる全て」が、本氣であなたを愛していることを、ほんの少しでいいから観じてみよ！

……………………

スタートの氣（ビッグバンの歓喜）に触れ続ける

春の雰囲気というのでしょうか、春のバイブレーションは、歓喜の波動が格段に上がっていくのを実感できます。これは私たちの毎日の「朝」にも言えることです。一年のうちの春は、一日のうちでいえば朝に相当しますから。

春は、細かくて目には見えない「光の粒」が全部、喜びいっぱいで震えているような、そういう歓喜を強烈に実感できます。きつくなくて、柔らかくて、優しくて、ほんわかしていて、本当に春の歓喜や毎朝の歓喜というのはこんなにも暖かくて、こんなにも優しくて、それでいて、あらゆる全てをパンパンパンと芽吹かせる波動なのですよね。

色々な生命やモノゴトをさらにワンランク上げてくれたり、全く新しいものを生み出してくれたりとか、素晴らしいバイブレーションになっているのです。天候がどうであれ、毎日の朝は春と同じバイブレーションです。


このような春や朝そのものが持っている歓喜のエネルギー、それは最もパワフルなエネルギーですが、これが「スタートの氣」の性質です。

実は、宇宙がビッグバンを起こした時も、このような「スタートの氣」から始まっています。ビッグバンの時と同じスタートの氣は、新しい時代が始まるのにふさわしい氣として、今もますます強くなっています。

決してキツイ感じ、刺激的なキツイ感じではありません。より繊細で、より透明度を増したような、何とも言えない軽やかさと心地良さ、そんな「嬉し嬉し」の歓喜です。


そして、このスタートの氣に、あなたが身も心も「共鳴」していくことによって、頑張らなくても発展繁栄の波に乗っていけるのです。ただし、スタートの氣を勘違いしてほしくないのですが、「個人的なこと」をスタートする氣のことではありません。全体繁栄のために尽くすというまさに「全体奉仕をスタートする氣」という意味です。

そしてスタートの氣に共鳴し、天の波に乗ることによって「あ、こういう方向に導かれているな」ということが何となく分かってくると思います。まずは、今せっかく地球に降り注いでいるスタートの氣、地球からもグッと押し上げられるように私たちの中に入ってくるスタートの氣を実感して下さい。

夏になっても、秋になっても、冬になっても、天地の初発（ビッグバン）の時のような「スタートの氣」はずっと存在しています。

毎朝、特にそれを実感できますので、いつもこの歓喜に触れて共鳴して、活動の全てに活かしていっていて下さい。この歓喜を光の柱「I」で実感し、ありがたいなぁと思って味わうことによって、それを地球の全てに自動的に広げることができていきます。

重たいエネルギーがまだまだ私達の奥深いところには隠れているかもしれないのですが、まずスタートの氣である「軽やかなもの」に意識を合わせていて下さい。そうすることによって、隠れている重苦しいものは、どんどん浮上してくると思います。

ドキッとするような何らかのセリフや、文句を言ってくるようなエゴが出てきたり、思考とか感情とかいっぱい出てくることがあるかもしれませんが、それでも中心軸「I」の歓喜からブレずにいることによって、とてもスピーディーに「癒し」が出来ていくと思います。

せっかくのスタートの氣が、歓喜エネルギーとして降り注いでいるのですから、自らがそれをリアルに実感して共鳴していかないと、実際の発展の波には乗れないわけですよね。

発展の波をひっ捕まえて、無理やりそれを制圧するように乗るということではなくて、カラダも含めたご自分の全身全霊を、軽やかなスタートの氣として自らが楽しんでバージョンアップしていって、そこから発展の波に乗っていくというやり方をして頂きたいと思います。

嬉し嬉しのスタートの氣を実感する「センサー」をなぜ失ったのかと言いますと、やはり全てへの「ありがたみ」や「敬い」を忘れたからです。まずは、あらゆるものが私たちをサポートしてくれていることへ思いをはせて、感謝と敬いを実感して送って下さい。

しかも、仕方がないから敬うとか、それが礼儀だから敬うとか、そういう「重たい敬い」は魂からの真の敬いではありません。まずは軽やかなスタートの氣を実感して楽しんでみることをオススメします。

軽やかなスタートの氣は「魂の本質」ですし、その氣の中には「敬い」というエッセンスが含まれていますので、楽しみながら全てを敬っていくようにしましょう。

この軽やかさから、この楽しい感覚から、あなたが全てを敬っていくと、その相手というか、対象物との間には非常に深い「つながり」ができていきます。お互いの中にエネルギーの巡りが起こって、お互いをサポートし合うことが自然にできていきます。逆に、重たい敬意からは、魂のご縁やつながりは生じません。

あなたが軽やかなスタートの氣の喜びを感じている、その状態は天地が最も望んでいることです。

「今の波動」で半年先が分かる

この宇宙世界には、最初から不幸も苦難も存在しません。偽のドリームランドとして、あなたの脳内にはアルかもしれませんが、「あなたが」それらを認めなければ、それらは全く力を得ることができないのです。

あらゆる不幸や苦難などの不自然な現実は、あなたが天地とつながらずに「単独で」創ってきています。**あなたが不幸や苦難を「容認する力」は、そんなにも強いということです。**これが今までの4次元地球の集合意識になっています。

あなたさえ認めなければ、不幸や苦難には何の力もないのですが、あなたが「それは存在する」と思うと、そこに命が吹きこまれて、あなたはそれを体験するハメになります。

今まで世間一般では、「不幸がある」「貧困がある」「どこかで苦難が待ち受けているかもしれない」「詐欺がある」「他者をだます」というような、非常に愚かな概念や思考がドンドン作られてきました。非常に低いバイブレーションを生むような思考が、世間に出回ったのです。

それらは宇宙創造主の「種子」ではないわけですから、最初から腐っていて、芽を出せないほどの思考や概念なのです。ただし、その腐った種子をあなたが「認める」と、その低いバイブレーションのままに芽を出して、ツマラナイ実を結びます。

当たり前に信じているからこそ、自分がそれを起こすわけですが、潜在意識にある思い込みや概念は、普通では氣づくことができません。現実になって初めて、自分がその概念を持っていたことに氣がつくのです。現実に出てくれることのありがたさです。

私自身、何度か信じてきた人にだまされ、裏切られたことがあり、そのたびに「あの人はまるで詐欺師だ」と怒りが湧くわけですが、そのおかげで「ああ、自分の中に詐欺師という概念があった」と氣づくことができました。そのおかげで、自分の中からは詐欺師という概念を削除することができました。

それだけでなく、過去世では私自身も詐欺師のような言動をしていたはずですから、その自分を癒すことができ、魂のアイに戻すことが可能になります。

詐欺師というようなアイではない概念もさることながら、寿命とか終末期というような概念を頭で考えてしまうだけで、命の光の波動は確実に下がります。特に意識して考えていなくても、晴れやかで伸びやかな「前向き」「上向き」の波動でないならば、確実にエネルギーは下がっていき、マイナス思考や感情を生み出しながら、「下向き」な現象が創られていきます。

私たちが氣をつけなくてはならないのは、「現実」を意識することよりも先に、「自らの波動」がどんな感覚なのかを意識するべきなのです。波動の感覚をちゃんと実感すると、それがエネルギーになります。私たちがエネルギッシュであるための明るく元氣でノビノビした「前向き」「上向き」の波動、それをストップさせるような思考や想念にはすぐに氣づいて下さい。そんな思考には引っかからないで下さい。もし、そんな思考や概念を見つけたら、その場でデリート（削除）して下さい。

ロシアの天才写真家と言われたキルリアンは、高感度の感光板、高感度のレンズを用いて、肉眼や普通の道具では見えないものを見つけるために、一生涯を写真に捧げてきました。人々の写真も沢山撮影してきました。そして、彼が困惑したのは、少なくとも「6カ月先」のことが、彼の写真から分かってしまうことでした。彼が、バラの蕾《つぼみ》を撮ろうとすると、その結果の写真は、蕾ではなく、開花したバラの花の姿だったのです。最初、彼は混乱しました。まだ、今の現実には起こっていない状態が、すでに写真に写っているのですから。そして、実際にバラの芽が上に伸びていくと、それは事前に撮られた写真と正確に酷似していたのです。

それからの彼は、芽を囲む「特定の光エネルギー」があることを、ますます見つけていきました。その光エネルギーのオーラには、芽が発展して伸びていくための「全ての叡智情報」が含まれているのを発見したのです。それから彼は、人の病氣にも取り組み始め、ロシアの医学で革命を起こしました。いったん病氣になってから、そのあとで「治す」という必要が無い、それを証明できたのです。**人々が病氣を実際に体験する前に、「バイブレーションの段階」で治せるということです。**

彼の写真は、いずれ病氣になる箇所を示すのですが、そこは光エネルギーのバイブレーションがすでに低下しており、「弥栄の氣・発展の氣・達成の氣」が枯れてしまっているので、それを示すのです。そのエネルギー状態が6カ月先に肉体に出るのです。

つまり、現実化の前に「バイブレーションの低下」が先なのです。その低いバイブレーションがそのまま「ショボイ現実」を創っていくという見事な証明です。自らの波動がいかに大事か、これでよく分かって頂けたと思います。

先ほども書きましたが、私たちが寿命とか終末期とかを頭で考えてしまうだけで、命の光の波動は確実に下がります。私たちは魂という最高レベルの「永遠の意識」「未来永劫の意識」なのだということを忘れないで下さい。その尊い意識を常に保って頂ければ、肉体も相当なポテンシャルを発揮し続けます。

第6章

あなたの「決意」の先に広がる世界

現実を変える方法（3種類）

神界エネルギーが完全刷新し、すでに地上界にも降りていますので、4次元地球にあった最下層（最も苦しい感情の領域）は完全に崩壊し、最上層だけが残って、あとは完全に閉じました。

これが何を意味するかと言いますと、あなたにネガティブなことを考えるようにさせるダークサイドの「誘導」「洗脳」がかなり取れたということです。アイと大調和の方向へ変わりたい人は、どれだけでも変われます。

そうではなくて、今後も相変わらず、自分で好き好んで「ネガティブ思考・不信・不安」を感じていくなら、ますます自業自得の苦しい結果になります。誰のせいにもできません。

全てが「自分次第」となりました。自分の「決意」と「バイブレーション」次第です。

現実世界をより良い方向に変えていく方法ですが、今までの古いやり方も含めますと、大まかに3種類あります。

………………………………

【1番目】

物理的な力を使う方法です。力づくでやる、この自分がやる、という考え方です。いつも自分の外側へ直接働きかけ、物理的な外側に対して「やりくり」「操作」をするのです。

例えば、腕相撲でしたら、自分の力で相手を負かそうとします。金銭面でしたら、普通に職場に行き、外側世界からお金をかせぐことなどです。

さらには、そういう一般的な方法を超えて、もっと効率よく外側世界をコントロール（操作支配）しようとして、ビジネスセミナー、マネーセミナー、コンサルティングなどを受けてお金をかせぐことをします。現実を変える方向性が、「個人的な現世利益」が目的になっています。

【2番目】

外側の物理的な世界、見える物事に直接働きかけることはしません。量子力学や量子物理学に沿った不可思議なエネルギーの動かし方を使ったり、目に見えない存在がいる世界にアプローチしたり、目に見えない魔法を利用して、効率よく「個人的に嬉しい現実」を創る方法です。創造主の同意は得られませんが、サイキック力を使っていく方法です。

例えば、空間に感謝をし、空間とつながって、空間に協力をもらいながら現実を変える方法ですが、これだけでも相当に人生は変わります。

ただし、意識の裏側には、「欲しい！」「ちょうだい！」という現世利益の意図が隠れています。個人的な現世利益を意図する人でなくても、誰かのために「良かれ」という思いから、現実を創ろうとする人であっても、天の秩序と調和を乱すことが多々あります。真の神々や天地のオススメなのかどうか、内なる魂を使って精査することをしていないからです。

【3番目】

内なる神である「魂」の神秘によって、真のアイ・エネルギーに動いてもらう方法です。多くの人が全く理解されていないのですが、敬い・感謝・祝福という「魂の霊力」を使わせて頂くことで、「皆で共に」良くなっていく現実を創る方法です。個人的な「こだわり」は手放していないと無理です。

「全体全員」にとっての歓喜あふれる現実を創造するための方法ですので、ここには個人的な「欲しい・ちょうだい！」というエネルギーは皆無です。全てに向けての「どうぞ！」というアイ・エネルギーしかありません。

その結果、巡ってきたものは受け取りますが、受け取ることを優先目的にはしていません。そして必ず「天地のオススメ」かどうかを精査します。自らの思いや行いが、天地との調和や自然界との大調和になっているのか、タイミングはベストなのか、必ず内なる魂でセンサリングしてから実行します。

自分が全体繁栄への奉仕を決意表明することは大事ですが、独りよがりにならないよう、内なる魂と呼吸を合わせ、足並みをそろえることを忘れないで下さい。

…………………………

私がお伝えしたい方法は、もちろん3番目です。まさにこれが新たな神界の「新システム」であり、創造主や真の神々が意図している方法なのです。一人で孤独に頑張る必要もなく、たくさんの色々な応援を授かりながら、皆と共に和気あいあいと現実を創っていける方法です。
ただし、個人的に良くなることを中心に生きていたい人は、3番目には興味も示さず、「ふ～ん。そんなこと面白いの？」と小バカにするかもしれません。

たとえ個人的なものを中心にしようがしまいが、これからの時代は、いっさい物理的なものに意識のアプローチをかけずに、内なるアイ・エネルギーの「実感」のみを最優先し、現実の「組み換え」をしていくことになっていきます。それが（誰にとっても）可能になりました。

私たちは、ようやく量子物理学（量子力学）すら超えることができ、究極の「魂」の神秘を「カラダ」で実践できるところまで来たのです。今までのどんなに素晴らしいツールも、引き寄せかの念力も呪詛も、もう完全に古くなりました。引き寄せ系のサイキックな技法も、どのみち想定内の現実しか起こせませんから、使っても意味がないのです。

魂をこわすもの

エゴとは何でしょう？　ズバリ言うなら「魂をこわす存在」です。どれだけ正当な意見や言い分やロジックがあったとしても、エゴは「魂をこわす」ことを目的にして、「思考」による自己主張をし続けます。色々な「思考」を使って、私たちが「アイ」から離れるように仕向けます。

つまり、あなたが「思考」に触れている時は、絶対に「アイの流れ」には触れていません。「共に栄える流れ」には触れていません。ですから、何かを「悩んだ時点で」（思考した時点で）、私たちは行き詰まるのです！

実は、私たちの周囲の「空間」には、沢山のどうでもいい思考（マインド）が電流として飛び交っています。空間に対して常に「ありがたみ」「敬い」を実感している人は、その影響は受けません。でも、ほとんどの方は「空間」には関心すら示しませんから、無意識に多大な影響を受けます。

空間に飛び交っている思考（マインド）は、あなたの左脳に電流として入って、その電流は脊髄《せきずい》にも入っていき、末梢神経を通じてカラダへ入り、影響を与えます。つまり、カラダがぎこちない動きになるのです。

たとえ、表面的には動きがスムーズのように見えていても、中心からの本当に美しい動きでないのなら、ご本人の脊髄には必ず「決めつけ」が入っています。

もし、いっさいの「思考」がカラダに入っていなければ、飛んでくるピストルの弾にさえ当たらないような、なめらかで美しい動きが可能になるのです。

左脳から脊髄へ入った「思考」「価値感」「モノゴトの定義」は、人類の勝手な思い込みばかりであり、未来永劫の叡智ではないものばかりです。ですから「脊髄レベル」のクリンナップ（浄化）が必要になります。脊髄のクリンナップによって、カラダの動きが変わっていきます。せっかく今までとは流れが違う世界（完全なアイと大調和の世界）に入ったというのに、脊髄の感覚が薄れていると、新しい流れの素晴らしさが分かりにくいのです。ありがたみも分からないと思います。

ですから、意識的にカラダを動かし、意識して伸びやかに脊髄を動かしてみましょう。何も問題が無ければ、心地良い伸びやかさ、なめらかさ、自由自在性を実感できますし、問題があればギクシャクする箇所が分かるでしょう。

ほとんど全員の方がギクシャクするはずですが、それは「カラダは、このように動かすと良い」とか「これはこういうもの」という思考（固定観念）などがいっぱい入っている証拠です。

私たちの今までの人生では、その思考や価値観に支配されてカラダを動かしてきたため、カラダの使い方（行為）が乱暴で乱雑だったはずです。

たとえば、「椅子や机など、単なる道具に過ぎない」という思考を持っているでしょうから、椅子や机を尊敬するとか、真心から敬うなんてことはしていません。ですから、つい平気で乱暴に扱うとか、感情的に扱うこともあったでしょう。そのせいで、椅子や机の「元氣」「生命力」を壊していたのです。その破壊的なエネルギーや、乱雑なエネルギーは、必ず自分のもとへ巡って戻ってきます。

思考には、「自分自身とあらゆる全てがアイでつながっている」という宇宙の真実を分からせま

いとする意図があるのです。共に栄えるための「つながり・結び」を断とうとする意図がありま
す。

「個人的な思考」はエゴであり、魂をこわすものです。ですから、その頭の思考を通じて、無条件のアイのこと、神々の世界のこと、魂の氣のことを分かろうとしても、しょせんは無理な話ですし、大切なところに到達できないのです。

「これは良くて、これは悪い」という思考を握りしめている人は、4次元の世界（良し悪しの世界）につながっています。そして、上限と制限だらけの4次元世界から答えをもらうことになります。

逆に、思考を超えた「アイの次元」を自分の立ち位置にしていると、「全員にとっての」最高かつ最善の答え（神の思考）を授かることができます。一般的な思考としてではなく、直観として出会うことになるか、何となくの心地良い感覚で答えが分かるのです。

個人的な思考には、5次元からのアイの直観が入ってこられないのです。拡大進化している未来の情報を、直観として受け止めることができません。思考には最善のヒラメキもありませんし限界を超えたアイデアも無いのです。

これでもうお分かりになったと思いますが、「思考」というものは、いつも何かに対する不安・心配・不信で成り立っている存在だということです。

ただ、誤解して頂きたくないのは、思考そのものが全て悪いのではないということです。あなたが、客観的かつ達観したアイの視点に立っている時に湧くような、ノビノビした幸せな思考ならOKです。幸せな思考は、必ずハートに湧いているはずです。

そうではなくて、何かが起こるたびに次々と頭に言葉が湧いてきて、連鎖するような思考（左脳）になっているなら、それがエゴの手口なのです。どうでもいい内容、今ここに必要がない内容、「ああだこうだ」と分析やジャッジをするような思考なら、あなたの魂をこわすだけです。

細胞の震え（バイブ）によるシンクロ

人生の中で、全体全員にとっての「本当に必要な真実」をキャッチする能力が出るのは、「空っぽ」になった時だけです。「無我」の時だけです。

残念なことに、ほとんどの方は（スピリチュアルを学んでいる方でさえ）いつも雑念や思考が頭の中で繰り返されている状態です。

ごちゃごちゃと「思考」に引っ張られて頭を使い始めると、何の意味もない「暇つぶし」をしているだけですので、実にもったいないことになるのです。建設的ではありませんよね。

「考える」ことをし始めると、そこに元氣なパワー（創造主の命）が全て使われて、発展へ向かうための上昇パワーにブレーキをかけることになります。

個人的な思考の多くは、その根底に「恐れの感情」があります。何も恐れがナイのであれば、目前の物事に取り組みながら、全てを底上げして伸ばす方向に（それこそ）無我夢中になるはずです。ところが、悪い結果や辛い現実にはなってほしくないという恐怖があるために、つい思考してしまうのです。

恐怖が湧くのはなぜだと思いますか？　すでに過去に起こった「記憶」にビビッて反応しているからなのです。

あなたが思考や雑念に入ってしまう時は、あなたの意識が記憶に「絡め取られている状態」になっています。そんな状態の時、魂としての「弥栄な現実」を創造することはできません。新たな情報やメッセージを理解するための感覚センサーも眠っています。ですから、いつも「空っぽでいる」ことが最善なのです。

「空っぽでいる」ってどういうことでしょう？　過去の記憶（思考と感情）から意識を抜いて、純粋な創造の原点である「今ここ」に戻るということです。

「今ここ」に戻るには、穏やかな呼吸しかありません。頭やマインドを超透明に、超クリアにして、光の柱「I」を自覚して、創造主の穏やかな呼吸を（全身で）観じ続けるようにして下さい。

創造主と呼吸を合わせていることによって、創造主の情熱的な意志を観じることになり、個人で思考しなくても、自然に「どうすればいいか」が内側から湧き上がってきます。

私たちの「過去の思考と感情」は、自分自身の細胞にストックされています。今までもそうでしたし、自分が意識を切り替えない限り（＝空っぽにならない限り）、これからも細胞にストックされ続けます。

ところが、あなたが意識を切り替えず、空っぽにならない場合、過去の不安・疑い・怒り・嫌悪感・悲しみなどの感情エネルギーが、細胞にストックされ続けます。それによって、細胞には相当に「強い影響」が及んでいきます。細胞への影響の結果を、正確に計測するマシンまであるほどです。

ストックされ続けた思考や感情エネルギーが、細胞に強く「影響する」ことによって、その特定の周波数ばかりで震えるような「不自然な細胞」に変質していきます。

そして、あなたの中で、同じような思考と感情の周波数が「細胞の震え」として繰り返されていけばいくほど、その周波数はさらに増え続けて、外側にも広がっていきます。そして、その通りの現実を創っていきます。これが現実創造の法則です。

逆に、いつもアイに満ち、いつも全身全霊が感謝にあふれている人は、細胞がそのように震えてくれて（バイブしてくれて）、アイが増え続けますから、その通りの現実を創ります。

現実とは、「内側」と「外側」がシンクロ（共鳴）して起こるのです。自分の中にアイや感謝の

「周波数」が少ないならば、外側宇宙とはシンクロできないため、素晴らしい現実が起こってきません。

あなたがどんなに喜ばしい現実を経験したいと願っても、自分自身の内側にその周波数が実感されていなければ、決してシンクロできないのです。

自分の内側で実感されないエネルギーとは、外側の現実としても出会うことはありません。ですから、ご自分の中に「すてき〜！」「素晴らしい〜！」「ありがたいなぁ〜！」というバイブレーションが「どれだけ多いか」にかかってきます。すてきな周波数のボリュームが増えないのならば、すてきな現実にはならないのです。

色々な行為（ふるまい）においても、内なるアイの周波数を乗せていかないなら、アイは増えていきません。

例えば、一万円のお金を支払う時に、「あ〜あ、また減ってしまう」「嫌だな」という周波数ではなく、「これで幸せになって下さいね」というアイを乗せるなら、一万円以上の価値を「増やした」ことになるのです。これが本当の発展繁栄です。

世間一般によくある「引き寄せ」は、まるで逆の行為です。「こうなってほしい」「お金ちょうだい」とねだっているだけですので、ねだっているだけでは何も増えません。

「ちょうだい」の根っこには、「足りない」という思い（不足エネルギー）があるため、ますます足りない現実になります。
「こうなってほしい」の根っこには、「まだその出来事には出会っていない」という思い（不満エネルギー）があるため、ますます出会えない現実になります。

でも、どうぞよくよく考えてみて下さい。もともと創造主は、「虚空」「無」から全てを生み出しています。私たちはその創造主と同じ能力をもらった存在ですので、「無から有を生み出す」という本質を持たされています。つまり、「空っぽ」から発展繁栄を生み出すのが、私たちの本質なのです。

色々な感情が湧いたとき、そこに巻き込まれてアタフタすると、さらに感情を増やすことになるばかりです。ですから、感情にアタフタすること（＝情動反応）を本当にやめると決めて下さい。
どんな感情が湧き上がっても、光の柱「I」となり、穏やかな呼吸のままで客観的に観るようにしましょう。そうすると、特定の感情で震えるクセになってしまった細胞が、本来のアイと調和の震え（バイブ）を発するような細胞に戻っていきます。

自分だけでなく、全ての人々が共に素敵な一日であることを思い描き、その喜びを実感していくならば、その実感したエネルギーは全て自分に戻ってきます。
昨日の一日をあなたはどんな思いで過ごしたのでしょう？

アイと調和の立ち位置に居て、素敵な一日でしたか？

それとも思考と感情に「からめとられて」いましたか？

感情的な反応をする立ち位置のまま、どんなに発展的なイノリをしても、どんなにアイを放っても、素敵なことを瞑想しても、何の役に立たないのです。

100年後や、200年後の「自分」を観じる

100年後のご自分はどんな「バイブレーション」で存在されていますか？ どんな感覚で生きていますか？

そんなふうにいきなり聞かれると、「今世だけのことしか頭になかったわ〜！」と氣づく方もいらっしゃると思います。

一般的には、「100年後は生きていないだろうから、分からない」とか、「それなりに今は幸せだし、寿命が来たら受け入れるから、私はそれで充分」とか、「毎日がつまんないから、100年後なんて欲しくない」などと思い込んでいる方もいらっしゃるかもしれません。

でも、何故そんなふうに思うのでしょうか？ 何故そんな思考になるのでしょうか？

そして、「100年後は生きていないだろう」と思うのは、カラダのことだけですか？ 意識の

ことも含めてしまっていますか？

いずれにしても、どれもこれも個人的な考え、私見、偏見であり、個人の主張なのです。決して宇宙の視点ではなく、創造主の目線でもないですよね？

ここで、少しで構いませんから、私たちの魂やカラダに対する「創造主のあつき思い」を想像してみて下さい。どこまでも、どこまでも、伸び栄えていてほしいと願って、私たちを生み出してくれたことを。

今一度、あらためて断言しますと、宇宙には「たった一つの意志」しかありません。弥栄の意志です。そして、宇宙には「たった一つの無限エネルギー」しかありません。アイ（感謝・祝福・敬い）という未来永劫のエネルギーです。

この「たった一つの意志」と「たった一つの無限エネルギー」によって生かされているのが私たちなのです。

私たちは初めから魂であり、「未来永劫（永遠）の基準」によって生んでもらったということを思い出して下さい。創造主から永遠のアイから生んでもらった、「永遠に変化し続ける存在」だということを思い出して下さい。

物理的なカタチには区切りがあるとしても、アイ・エネルギーや魂の意識には区切りがないのです。どうやっても区切りようがないのです。

魂は、全てのエネルギーが「たった一つ」であったことや、全てがつながり合っていることを知っており、今世と未来世には「区切り」などなく、変化しながらつながっていることを知っているのです。知っているというより、「つながり」の状態のままです。

それなのに、今世と未来世の間には「区切り」があると、自分勝手に思いこんでいる場合、そこには分断が起き、創造エネルギーの流れが断たれ、そこで発展進化がストップするのです。

今世と未来との「エネルギーのつながり」が断たれたなら、今世だけのショボい有限の発展しか体験できません。次々とつながって連続していくような、未来世までの無限の発展は体験できません。

私たちが、こういう「区切り」の概念を植え付けられてしまったのは、有限を基準にすることに賛成した神々（まがつ神）の数が、過去の神界でものすごく増えたことがあったからです。未来永劫や永遠無限ではなく、「有限の基準」を維持したい神々によって、大切な神界が運営管理されたため、地上界の人の意識も自然に「有限」「制限」「限界」の考え方に染まってしまったのです。

本来の私たちの魂は、100才になっても200才になっても、新しいモノや事にチャレンジしていく好奇心を失うことはないのですが、長いこと「有限の基準」の影響下にあったがゆえに、私たちの意識は、ずっと先々の100年後、200年後とかを認識しづらくなりました。

今もほとんどの方が（無意識にですが）今世の肉体死のことまでしか考えられないほど、脳が縮んでいます。特に松果体（上丹田）の縮みはひどいものです。でも、2023年あたりから、ようやく神界にも「未来永劫の基準」が戻ってきましたから、松果体の復活も私たち次第です。

このチャンスを活かし、せめて100年後か150年後のご自分の「バイブレーション」くらいは、今から感覚的につかんでおいて下さい。そうすると、今世のご自分と未来のご自分との「区切り」が消え、双方が融合できて、未来世からもつながりが戻ってきます。発展進化するためのエネルギー・ルートが復活するのです。

それでもなお、どうしても今世のことまでしか頭に浮かばない方は、それはそれなりに幸せな人生を味わえますから、そのまま悩まず自由に生き切って下さい。

自分を窮地に追い込む理由

私たちは、自らが発するアイ・エネルギーによって現実を創造することもできますが、アイではないエネルギーによって「苦しい出来事」を創ることも得意です。

何かのきっかけで湧き上がった不愉快な氣分を癒すことなく、ただそこに浸り続けることによって、自らが不愉快な出来事を引き起こしていくのです。そうやって、さらに自らを感情的な窮地に追い込んで、そこからもっと追い込んで、さらに追い込んで、徹底的に窮地へと追い込んでいくことがあります。

私たちが、心底から天地や大自然に対して畏敬の念をもち、それらのおかげで生かされていることにしみじみと感謝の思いが湧き続けているのなら、決してどんよりとした低いバイブレーションになるはずがないのです。

もし、どんよりとした感覚が湧いても「あ、どんよりしている感覚だな」と氣づいて、すぐにその低い波動から出ることができます。どんよりとした感覚に浸り続けることなく、かといって見ないフリして逃げるでもなく、誠実に向き合って、すぐに癒していきましょう。

それにしても、なぜ私たちのエゴは、時として不愉快な出来事を創るのでしょう？　なぜ、自らを窮地に追い込むようなことをするのでしょう？

もし、本当に窮地に陥ることに全く興味がないのなら、そこに何のメリットもかんじないのなら、私たちのエゴは辛い不愉快な出来事を何回も「繰り返す」ことなどしないはずです。

それなのに、なぜ、そんなことをするのでしょうか。

実は私たちは、苦しみが増えて深くなるほど、脳内麻薬のアドレナリンが出やすくなり、その薬物反応のせいで、「偽の安心」や「偽のハイテンション」になるのです。これが自分を窮地に追い込む理由です。

とことんまで自分を追い込むと、もうこれ以上は落ちないで済むという「どん底の安心感」これ以上は悪くならないという「変な安心感」が湧くようになります。これは、アドレナリンがもたらす薬物反応の快感です。

とことん自分自身を窮地に追い込む時、強烈な興奮状態になります。すると、アドレナリンという麻薬が分泌され、苦しみがマヒして、一瞬フワッと救われた「ハイな感じ」になるのです。お酒に酔っ払った時のハイと同じです。根本解決にはなっていません。つまり、真の歓喜ではないのですが、その救われた快感（カタルシス）が病みつきになるため、また味わいたくなり、ほどなく中毒に陥ってしまうようになります。

結果として、辛い出来事を創ることや、不安な状況を創ることが「パターン化」するのです。

アドレナリンからの安心と、天の歓喜（イキイキした生命力）が充実していることからの安心とは完全に別物で、心地良さの種類が全く違うのですが、それがエゴには分からないのです。このようなアドレナリンによる快感と安心感にだまされないで下さい。

自分を感情的な窮地に追い込むエゴ、その追い込まれた時のイヤな感覚さえも、もともとはアイ・エネルギーを使って創り出した感覚です。ですから、イヤな感覚を消し去って無くしてしまおうとするのではなく、もともとのアイのエネルギーに「変換」「変容」させることが本当の癒しです。アイではなくなったエネルギーをちゃんと「祝う」ことによって、アイへ戻す（変容させる）、そんな真の癒しを「祀り変え」とも言います。

真の癒し（祀り変え）を行うにあたって、どんな不愉快な感覚も、どんな不自然な感情も、モトモトのアイ・エネルギーに戻せばよいわけですが、その際、私が先輩から教わった素晴らしいイノリがあります。ぜひ試してみて下さい。

「この不安・恐怖をアイに祀り変えさせて頂きます。そして天地のために活用していきます」という決意表明（イノリ）です。

「このイラッとする感覚をアイに祀り変えて、全体繁栄のために活用します」とか「この痛みのエネルギーをアイに祀り変えて、全体進化のために活用します」などのイノリです。

「場」からの応援

虚空という無限の「無」から、たくさんの「有」が誕生しました。今までもそうでしたし、今後もそうです。「無」から「有」が生じ、生じた有はすぐ崩壊し、また「新たな有」として発展的に生じていきます。あらゆる全てが「無」から生まれるのです。

でも、ほとんどの方は「有」のほうにばかり意識が向き、「有」に執着し、「有」だけをありがたく思うのです。

２Ｄ（平面）で説明すると、白紙に書いた文字や絵にばかり目が向いて、白紙のほうには見向きもしないということですが、実は、文字が書かれていない白紙部分にも、無数の見えない文字（情報）があるのです。

3D（立体空間）で説明すると、ほとんどの人は、立体空間に存在している「物理的なモノ」「見えたコト」には意識を向けますが、見えない空間それ自体を意識することは、ほとんどないのです。例えば、ショップに陳列してある商品には意識を向けるけれど、ショップの空間そのものにはほとんど感謝をしません。

生け花をする時も、花のほうにばかり意識を向けがちですが、実は、花を支えているのは空間なのです。その立体空間に感謝し、空間と一体化してから、お花にも真心を込めていくなら、生け花はもっと素敵なものになります。無である空間が、有（モノやコト）を存在させ、活かしているのです。

あらゆる場（立体空間）には、動植物や、鉱物や、物や、色々な時空（次元）や、人々のエネルギーが流れ込んでいます。ですから「場」との関わり方が、流れ込んでいる全てとの関わり方になるのです。

もしあなたが、場を大切にし、場に対して「ありがたみ」を深く深く実感しているならば、場と「一体化」できます。場に一体化できたなら、場に流れる全てのサポートをもらえます。奇跡も起こせます。

本当は、いつもそうであってほしいのですが、場に対する感謝の深さが深いほど、あらゆる事象との関係が深まりますし、場から多くのサポートエネルギーを託されるのです。

皆様が場（立体空間）のことをどのように認識されているかは分からないのですが、あらゆる場（立体空間）は、あなたが「誰かのお役に立つ」ために用意されたものなのです。

職場、遊び場、瞑想の場、散歩道の場、ホテルの場、ヒーリングの場、学びの場など、あらゆる場という場は、あなたのアイ・バイブレーションでみんなを幸せにするための場です。誰かを手助けするための場であり、誰かをさらに健やかに豊かにするための場なのです。アイを広げる場であり、弥栄に貢献するための場です。

私たちは、場が用意されていることの真の意味を、もっともっと意識して生きる必要があります。場を認識し、場に感謝の意識を向けると、場は「必ず動く」のです。

あなたが場と一体化することで場からの応援がもらえますが、もらうばかりでなく、あなたが場に深く感謝していくならば、場それ自体をもっと活氣づかせ、もっと発展させることができるのです。

ただし、この世の場のエネルギーよりもさらに高次の波動である「真の神界」という場からのサポートは、神の名前を唱えたくらいでは授かることができません。「サポートを下さい」という声くらいでは授かれませんし、神界に感謝をしたくらいでは、神界は動いてくれません。

私たちが神界から確実に「信頼」されていないと、真の神々は動いて下さらない。神々の住まう場からのサポートはありません。

真の神界から「信頼」されるのは、私たちが光の柱「Ｉ」に立ち返って、カラダを通じてアイだけをあらわし続けるような「生き様」になってからのことです。

認めて尊ぶと「エントロピー」が変わる

ここで質問させて頂きたいのですが、あなたの人生において、「自分のまわりにあるモノ・事柄・アイテム・人々」を全てひっくるめて100％とすると、ふだんのあなたはそれらの何パーセントに対して「尊重する心」「大切に思う心」を持っておられますか？

ありがたみをしっかりと実感し、存在してくれていることに祝福の心を持つことができていますか？

存在してくれているモノや事柄やアイテムに対する「扱い方」が、そのまま自分自身に巡ってきます。これは宇宙の「巡り」のシステムです。

私たちは、自分のまわりにあるものに対して、有ることが普通だと思って、特には尊重してこなかったのではないかと思います。**何かに対する「尊重の度合い」が、そのまま自分への尊重の度合いになるのです。**人々を尊重しない人は、人々から大切には扱われません。物に対するありがたみを感じないなら、物からは尊重されません。

エゴは「全てがバラバラに個別で存在している」と思い込んでいます。肉眼で見えるカタチにとらわれて、分断して存在していると思い込んでいますが、魂やカラダからすれば、「全てがエネルギーとしてつながり合っている」という真実を分かっているのです。

たとえば、家を創っている材料としての木や鉄やセメントなどは、全てが地球のエネルギーの恵みです。洋服や着物の材料も、地球のエネルギーの恵みです。家も服も食材も、全てが地球のエネルギーを通じてつながっています。

車も地球のエネルギーの恵みですので、レンタカーを大切に扱わない人は、ご自分の車も調子が悪くなります。車の世界が地球を通じてつながっているからです。全てが同じことで、自分のカラダや魂を大切にできない人は、他者のカラダや魂を粗末に扱っていることになります。逆も同じです。

これからの弥栄なミロクの新時代を生きる人は、全ての方々を健やかで元氣なほうへとリードする側の人ですから、自分自身が健やかで元氣でないと無理ですよね。

もし、あなたが魂のアイで満たされていて、そして、元氣な歓喜で満ちあふれているなら、自然と誰かのお役に立ちたくてたまらなくなるものです。逆に、アイや元氣が枯渇している人は、外側から奪おうとするか、必死に頑張って、がむしゃらに生きるしかなくなるのです。

残念なことに、ほとんどの人は神なる魂であることを完全に忘れ、意識することもありませんから、神秘の「魂の力」を使えていません。例えば「魂の力」には、自分のエネルギーで自分自身を満たすという「自愛の能力」があるのですが、ほとんどの方が使うことができていません。

その代わりに、「外側」からのエネルギーで自分自身を満たそうとし、他者のエネルギー（家族・知人）に依存するようになっています。無意識とはいえ、地位・名誉・財産を求めて生きるのはそのためです。

「ほめられたい、認めてもらいたい」というように、他の誰かにアイを求めている時点で、絶対に自分の内側は満たされないのですが、「足りない病」が快感になってしまった人が多いのです。

自らを満たすという「魂の力」を使わずにいると「足りない、足りない」という興奮だけが強まっていきます。そして、アドレナリン（副腎髄質より分泌されるホルモン）を引き出し、その麻薬効果によって「足りない」という興奮はいずれ落ち着くのですが、この麻薬パターンがクセになってしまいます。アドレナリンはカラダをむしばんでいきます。

「足りない病」になる必要はありません。「魂の力」を使って「自分で自分自身を満たす」ことをやってみて下さい。喜びをもって「魂の力」をドンドン使っていって下さい。それは天地が私たちに望むことなのです。

私たちの魂は、目には見えません。では、どうやって「魂の状態（魂の霊格）」を推測すればいいのでしょうか？

それは、物質やカラダに対する「ご本人の態度」で明白になります。魂と物理的なものは陰陽一対のカップルだからです。カップルである物質やカラダをどれだけ尊んでいるのか、そこで「魂の霊格」が決まるのです。

本当に霊格の高い人ほど、物やカラダを大切に扱っています。なぜなら、どんなに魂の波動が高い人でも、カラダがポンコツであれば、最終的にはポンコツの波動を世界中に広げてしまうからです。

あなたが着用している服を尊び、感謝すると、服の生地がなめらかになってくれますし、優しい風合いになるのです。ぜひこれを体験してほしいと思います。

水を尊び、感謝し、祝福すると、お水の味が変わります。ボールペンを尊び、感謝すると、書き味がスムーズになります。会社の回転イスを尊び、イスが存在することに感謝して祝福すると、もっとなめらかに回転するイスになります。

つまり、魂からのアイによって、物質の性質が変わり、さらにさらに向上するのです。逆に、念力や馬力でイスを回転させようとすると、それなりに回転しますが、なめらかさや心地良さは消えます。

以上のように、光の柱「I」のあなたがモノを敬って尊ぶと、モノが持っている「電氣的性質」を美しく整えてしまい、モノの良さやモノの機能をさらにレベルアップさせてしまうのです。これが魂の神秘力なのです。あらゆる全てをどこまでも栄えさせるための秘密です。

物の存在の意義をちゃんと認め、存在してくれる「ありがたみ」を心底から実感して尊ぶとき、「エントロピーの状態」が変わるのです。

物理学ではエントロピー増大の法則というものがあり、「ものごとは（人がそれを阻止しない限り）自然に混乱状態へと近づいていく傾向を持っている」わけです。でも、「魂の力」を使うと、エネルギーの電氣的な性質が整って、化学的な組み合わせそのものが変化するので、エントロピー増大を阻止できます。

敬い続け、尊び続け、感謝し続け、祝福し続けるという「魂の力」を磨くことによって、物質はどこまでも発展的に変化し続け、向上し続けます。発展繁栄とは、変化し続けることを言うのです。あなたの「魂の力」をさらに練磨し続けていくことは、発展繁栄に貢献することになるのです。

第7章

お金と「I」の関係性

お金への見方

お金をモノ（現物）としてとらえると、モノは有限なので、どうしても「お金も有限」という考え方になります。だから、「お金は使えば減る」とか「いつかは無くなるかも」と思ってしまうのです。非常に不自然で破壊的な思考です。

他にも「与えてばかりいると損をする」とか、「与えてばかりの自分は、バカなのではないか」という思考（思い込み）があるようなら、スグにそういう考えや思考を手放すようにして下さい。完全に手放すには、ハートの奥深くに招き入れて、アイで溶かしましょう。

そして、「お金は循環する」とか、「お金は天下のまわりもの」という考え方、これらは、いかにも「もっともらしい考え」のように思えますが、やはり、お金が物質であるという見方から離れられないでいます。これでは物理法則を超えて、世間の常識を超えて、お金に自由に活躍してもらうことができません。

全ての創造の基本は「アイ・エネルギー」です。全てが天の歓喜エネルギーから創られています。このようなエネルギーとしての見方をしていかないと、お金の巡りがスムーズではなくなるのです。

どんなものも、必ず「最初は」歓喜エネルギーとして存在してから、その少しあとに物のカタチになるのですが、ここが心底から腑に落ちると、お金をアイ・エネルギーの現れだと見ることが可能になります。これからは、お金だけでなく、全てを神聖なアイ・エネルギーの観点から見て下さい。

アイ・エネルギーは「無限」「無制限」であり、上限はなく、天井知らずなのです。エネルギーとしての観点から物質を見る人は、エネルギーを巡らせても、巡らせても、与えても、与えても、もっと与え尽くしても、絶対に足りなくならないことを、経験によって理解することができます。

お金を尊い神聖な「アイ・エネルギー」として見るだけでなく、そのエネルギーを相手に巡らせていくという実践があってこそ、最終的に物質としてのお金が動くのだと分かってきます。分かったなら、常に自分から先にアイ・エネルギーを与え尽くしていくのがスジです。

結論を言いますと、物質とエネルギー（バイブレーション）は「全く同じもの」というところに意識が到達しない人は、ずっと物質としてのお金だけを追うことになります。

今までのような偽のドリームランドの現実世界は、物質としてのお金が動いて成り立つ世界でした。それは否定できません。でもこれからの新時代は、物質的なお金ではない「アイ・エネルギー」が動いて成り立つ世界となります。

ところで、お金に関しましては、プラスや黒字は良くて、マイナスや赤字は悪いという二極化した思考（思い込み）はありませんか？一億円の借金に対するジャッジ、一億円の貯金に対するジャッジ、良いとか悪いとかのジャッジは全て、ハートにおさめて下さい。

ある日のことでしたが、お金の件について、上（ハイアーセルフ）からメッセージが届きました。それはこんな内容でした。

たとえば、Aさんが B さんにお金を支払うとき、Aさんは「Bさんという人物にだけ、支払っている」と思っています。皆様もそうではないでしょうか。そして、Bさんにだけ払っていると思う時、実はアイ・エネルギーはBさんのところで止まってしまうのです。そこから先への「巡り」が起きなくって、エネルギーの「流動」がストップするのです。

そうなると、お金を支払ってもらったほうのBさんも、「流動性」や「躍動感」や「動く喜び」が伴わない感覚を受け取ることになります。いくらBさんが物理的なお金を受け取ったところで、お金の本質であるアイ・エネルギーを、さらに他へも流動させていこうという楽しい思いが起きなくなってしまうのです。

見た目のカタチとしては「AさんがBさんに支払っている状態」であっても、Aさんの内面的には、Bさんの向こう側で待っている沢山の人々にも、このお金を巡らせていくという意識になって頂きたいのです。

Bさんで止めるという意識ではなく、ずっと向こうにまで続く、大きなエネルギーの川の流れ

（巡りの流れ）を「実感」したうえで、喜んでBさんに支払って頂きたいのです。私たちは皆、宇宙の豊穣の巡りの中で生かしてもらっているのですから、私たちのほうでもその巡りを止めることなく、さらに活性化していくのが当たり前ではないでしょうか。

お金を支払う時には、自らが出した金額の価値（エネルギー的な価値）以上に、もっと価値を上乗せして支払っていくと、出した金額以上の巡りを起こすことができます。

例えば、あなたが一万円を出す時に、ビビったり、嫌がって出すと、お金のエネルギーとしての価値は千円くらいに下がります。出したエネルギーの分しか戻ってきませんから、あなたが出した千円のエネルギーが、ちゃんと物質的な千円札となって戻ってきます。これはまさにエネルギーの流通です。

物の価値を高めて進化させ、その物に素晴らしい活躍をさせてあげることは、発展繁栄に貢献することになります。ただし、「全てが共に栄える」ことへの喜びがない状態で、いくら感謝や祝福をし、どれほどイノリを捧げても、それは紙幣には乗っからないのです。ここは氣をつけるべきポイントです。

お金との不毛な関係性

お金がアルとか、ナイとか、何を基準に断定しておられますか？　何を境目にして、多いとか少ないとか決めていますか？　さらにお金に対して、どんな決めつけをされていますか？

「好きなように使っていると、無くなってしまう」

「外出すると、けっこうお金が出てしまう」

「何万円を切ると、いよいよヤバいぞ」

そういった固定観念や、「今、お金がない」という認識、そういった常識のようなものが、脳細胞にインプットされていないでしょうか？

さらに、他の人に対して「あの人たちより、自分のほうが貧乏だ」「あの人たちよりは、自分のほうがまだマシだ」という決めつけも、実はお互いをダメにします。お互いに共倒れしていくような単なる思い込みです。

「相対的な比較」での豊かさや貧困、そんな見方を絶対にしないことが、共に栄える秘訣です。

私たちの内面には、「お金の心配」をしたがる自分（エゴ）が必ずいます。「心配することは正しい」とさえ思い込んでいます。皆様はいかがでしょうか？　誰が何を言おうが、常に心配する自分を絶対に変えたくないのです。心配することで、自らを守ろうとする、これがエゴの生き方です。

自分が「魂の存在」であることを自覚できていない人は、自分のことを「尊い存在だ」とは決して思っていません。そうすると、お金の存在価値よりも、「自分の存在価値」が低くなった時に、お金にコントロールされている感覚になるのです。その思いによって不安が湧くわけです。しかも、自分自身を尊い存在だと分かっていないために、自分を罰するような意識になってしまい、貧困や病氣という状況をつくってまで、自分を罰するのです。

でも、私たちが自らの価値を認めてから、お金の価値を認め、活かして使ってあげたなら、必ず優雅に巡っていきます。私たち「I」は、お金の価値を大きくすることもできますし、不安になって小さくすることもできるのです。お金をこわがっているのであれば、お金の価値を下げます。

尊い神々から産んでもらった尊い存在なのだという真実を忘れると、お金をこわがるようになります。こわがっていると、お金にその波動が影響し、お金そのものを恐怖でフリーズさせることになりますから、お金の価値も落ちていきます。つまり、あなたが自らの価値を下げると、お金も価値が下がってしまいます。

本来、宇宙が喜ぶことといえば、私たちが「自らの尊さ」を常に忘れず、その尊い魂の存在が「あらゆるものの価値を上げていく」ことにあるのです。それが、私たちの徳分にもなっていきます。

ですから、お金さんが千円であれ、一万円であれ、百万円であれ、それぞれの役割の価値を認め、敬い、感謝し、活性化して使ってあげると、お金はもっと底上げされてビッグになっていきます。私たちが、お金の才能を認め、ほめたたえるとき、お金は物事に対して喜んで働きかけてくれるのです。

それなのに、自分のなかで「少ないなぁ」とか「足りないなぁ」という不安や不満の実感のままで、「千円を出すのか〜」「一万円も出費するのか〜」という思いでお金を使おうとするから、お金の価値がドンドン下がるのです。お金の価値を減らしたエネルギーで、あなたが事柄に当たっていくのですから、現実の物事がショボくなるのは当然です。

「何となく」お金を使う人は、「何となく」という波動を出して広げていますので、その波動が必ず巡ってきます。そして、「何となく」生きているだけの人生になっていくのです。

「お金は減っていくものだ」という思い込みや、「不安だよね。無くなると困るよね」という考え方を握りしめている限り、本当の「豊かな考え方」は完全にシャットアウトされてしまいます。その考え方ではなく「お金って本当にありがたいよね。有効に活用すればいいんだよね」という本来の考え方に戻せばよいのです。

もともと、私たちを苦しませるためにお金が生まれたわけではなく、交換することにおいて便利な世の中にするためだったのです。アイの流通による発展繁栄のなかに、お金というシステムがあったはずなのに、人類が勝手にお金への認識や解釈や見方を変えてしまったのですね。

「天の徳分」による金銭的な豊かさ

私事になりますが、過去に何回か「真のお金のセミナー」を実施してきております。ただ、以前は、ダークサイド存在による「洗脳」が解けない方が多く、地上界での「マネー獲得」の考え方に戻っていく人がほとんどでした。

でも、神界が変化し、金銭的な流通さえも、真の神々による「許可」がないと、個人的には獲得が困難になっていきます。

そもそも「獲得」という考え方を徹底的に捨てる時期に来ています。獲得していくものではなく、真の神々による「許可」のもとにお金を授かって、それを全体繁栄と幸せのために巡らせていくという流れに入っています。

許可、それは神々がジャッジするという意味の許可ではなく、「天の徳分」によるものなのです。天地が喜ぶ生き様をしているかどうかにかかっているものです。

幾度となくお伝えしてきたことですが、物質としてのお金を追うことは「真の豊かさ」から遠ざかります。「欲しいなぁ」「寄こせ」「ちょうだい」というような思いは、縮こまっていく波動になっています。発展拡大しない波動なのです。

「真の豊かさ」とは、魂の親密さをもって他者と仲良くなることであり、天や地球と仲良くなることであり、自然界と仲良くなることを言います。そうであるならば、必ず経済活動もついて回るようにできています。

もし、私たちが、地球や自然界と仲良くしなくても、ただ世間一般のマーケティングをして、普通に経済活動をしていれば、まあまあお金は回ります。

でも、「天の徳分」は減っていきますので、いつかはお金も回らなくなります。特に何も悪いことをしていなくても、地球や自然界と仲良くなっていないなら、「天の徳分」は消えていくのです。

そして、人が喜ぶことをすれば「人徳」は得られますが、「天の徳分」はまた別の話です。

では、天の徳分とは何のことでしょう？　創造主や真の神々が望んでいること（アイの歓びを巡らせて地上界に増やすこと）をお手伝いすることなのです。それによって「天の徳分」が培われるのです。

言い方を変えるなら、地球や自然界と心底から仲良くなるほど、そして、地球や自然界に歓喜のアイを広げるほどに天の徳分が得られて、「ちょうだい」とか「欲しい」と望まなくても、常に健やかさや豊かさが巡ってきますから、授かることができます。

「うそ～、そんなことで？」と思われるかもしれませんが、その通りです。

地球や自然界と仲良くなる、それは地球と一体化し、地球の歓喜波動と共鳴することであり、大自然の歓喜と共鳴して生きるということです。いっしょに歓喜してしまうのです。何を見ても、何に出会っても、「わ～素晴らしい！」という歓喜をドンドン増やしていって下さい。

雨が嫌い、海にもぐるのは嫌い、大雪が降るとイヤ、夏の太陽の光が苦手、曇り空はウンザリだ、火事や水難や地震が恐い、虫が嫌い、ウイルスが恐い、花粉は最悪、こういった思いが少しでもあれば、自然界の恩恵を受け取れません。

ましてや「こんな地球で生きていたくない」「こんな現実世界は嫌いだ」などと思っているなら、地球の大いなる恵みは授かれません。何かに対し、敵対しているからです。そういう敵対している自分を見つけ、すぐに癒していって下さい。

今の皆様の波動は、地球と仲良くなれるような歓喜の波動ですか？　歓喜に共鳴してシンクロして、仲良しのカルマになっていますか？　そこに氣づいていて下さい。

日常において何らかの現象が起こるたびに、つい私たちは独自の分析や判断をしがちですが、その際、否定的な解釈（アイではない解釈）をするならば、そのまま否定的な波動を出してしまいます。

たとえ否定的な分析や判断をしていなくても、ただイヤイヤ歩いているだけで、否定的な波動を放っていいます。「会社に行くのが面倒くさいな～」「かったるいな～」と感じながら歩くだけでも、自分の周囲に面倒くさい波動を振りまいています。

そんな生き様では、地球や自然界とは決して仲良くなれていません。地球や自然界のほうは、常に心地良い感覚を私たちに提供しようとしているのに、私たちのほうがそうではないために、地球や自然界と「深く通じ合う」ことができないのです。

ですから、どんなに素晴らしいモノを世の中に提供したとしても、地球や自然界と仲良くないのなら（天の徳分がなく）、その素晴らしい商品は、世間に普及していかないのです。お金につながらないのです。

「自分の行為」と「地球の行為」が一致しているならば、自分と地球の「呼吸」は一致しています。地球や自然界と一体となって行為し続けるとき、私たちの呼吸の質が変わり、受けとめる波動の質も変わります。これからの風の時代（息の時代）においては、地球や大自然と「息を合わせる」ことが非常に大切になってきます。

魂として生きている私たちの内面を満たしてくれているのは、「無限」のアイの光です。ところが、そこに間違って「有限」なものを侵入させると、それが「偶像」になっていきます。この偶像が、私たちの内面で「悪魔的な力」を発揮することも増えていきます。特に私たちが「有限の財産」に絶対的な崇拝をするようになると、「財産の偶像化」が起こってきます。

このことを、人間現代学のマックス・シェーラーは次のように説明しています。「人間は自分が作った偶像に魔法にかかったように縛り付けられ、それを（あたかも）神であるかのようにもてなす。このような偶像の財を持つか、持たないかという選択は成り立たない。成り立つのはただ、自分の絶対領域（神域）に「神」を、すなわち神性・霊性という財を持つのか、それとも偶像を持つのか、という選択だけである」と。

もちろん、金銭的な財を持つべからずという意味ではありません。金銭という「偶像」に振り回されることなく、天の意志（＝魂の意志）に沿って使いこなせるだけの「神性」「霊性」を持っているかどうか、そこが重要だということです。

金銭だけがあっても、それをあつかえるだけの「内面の豊かさ」「スピリチュアリティ」が無かったなら、金銭を持っていないことと同じです。

私の知人（Kさん）が、とにかくお金が欲しくて、営業を頑張って続け、毎月7千万ほど収入を得ていた頃のことです。だまされるような経験を沢山するようになったのです。Kさんが学んだことは、金銭を得ても、ショックなことや悲しい思いをするなら、幸せじゃないということでした。

金銭を動かすのにふさわしい霊性（スピリチュアリティ）を本人が持っていない場合、動かすのにふさわしい人として育てるための「経験」が先に来ます。これも、天のアイのなせるワザなのです。

お金だけあっても意味がなく、それを使ってどうするかが大切です。内面が貧しく、愛も喜びも感謝も祝福もないような内面をそのままにしていては、何を得たところで幸せではないのです。

私の経験からも言えることですが、とにかく働いても働いても、ダメな時はダメで、お金がカツカツな状態が続きます。極限までカツカツの状態を経験するのは、そこから深い氣づきを得ていくためですので、そこから逃げて、現実的な表面だけを何とかしようとしても、お金はカツカツのままでしょう。内面をかえりみて、「神なる魂」としての生き方に変えない限り、外側の豊かさは遠のくばかりです。

第8章

「精神世界」を手放し「魂世界」へと旅立つ

「参上《まうのぼ》り」＆「まかり下り」

超古代の私たちは皆、カラダを持った神としての存在であったがゆえに、ミコトと呼ばれていましたが、今ではそれを完全に忘却して、私たちが何のために現実世界に生きているのかさえ、思い出せなくなっています。

このミコトである私たちの本質と実体が「一体どんなものであったのか?」という問いかけに関して、全身全霊でコミットして解明していくことを「参上り」と申します。

これが「お参り・参拝」の語源ですから、現代人が思う「参拝」の概念とは大きく異なります。お参りという概念の深みが違うのです。

「参上り」は、ただ形式的に神前で手を合わせることとか、願いごとをするとか、神々の援助をお願いするというような一般的な参拝（お参り）を超える「真の参拝」です。

全ての「コト」の起こりが一体どこから発生するのか、全ての創造がどこから発生するのか、それを追求し、真摯に魂の磨きを進める道（スピリチュアル道）に入ることが「参上り」なのです。

最終的に言いますと、「参上り」とは、命の光の根本真髄、魂の根本真髄である「全てとの和合（融合）」を目指して真っ直ぐに突き進むことを申すのです。

陰陽のへだたりをなくし、あらゆる偏った二極化を融合させ、「自他一体」「全一」の喜びに戻ることを申します。

神々とも自他一体、あの人たちとも自他一体、万物万我とも自他一体、地球とも自他一体、最終的には「宇宙創造主との自他一体」の喜びに戻ることなのです。

「和合（核融合）とは何か？」ということを、実際の人生経験の中から、体験的に分かって知っていこうとする意欲・情熱・意気込み、これが私たち魂の本質になっていますから、和魂（にぎみたま）とも呼ばれるのです。

「参上り」は真の神界への入門ですので、魂の霊格向上や弥栄な人生へのスタートになるのです。別の言い方をすれば、未来永劫の大いなる全体繁栄という創造主の理想をめがけて、どこまでも精進しようとする意気込みが「参上り」です。これこそが、私たちが神として（ミコトとして）最も満ち足りる意気込みなのです。

超古代の私たちの祖先は、素粒子とか光子という言い方はせずに、燃えたぎる命の光の実質を「神」とか「ひ」と呼んでいました。命の「光」の本質を充分に知り得た存在のことを「ひ知り（ひじり）」と言いました。それが「聖」の文字になっています。

勇猛果敢に精進する心を「向上心」と言いますが、「参上り」というからには、向上心よりもさらにいっそう進んだ「実行・実践の意欲」に富んでいる意識のことを申しています。

「〜しようか、〜しないでおくべきか」などと頭で計算して考えているのは、創造主や自然界への不信感があるエゴの意識のほうです。思案・思索・思考が先行すれば、なかなか行動できませんし、一生かかっても実践できません。どんなに考えてみても、頭には「人生とは何であるのか」は分からないのですから、実行・実践あるのみです。

例えば、食事をするときも同じことで、「いかなる成分を食べるのが正しいのか?」などと考えていては、いつまでたっても食べることはできません。

食べ物の成分も、森羅万象や人生の「コト」も、今までの情報だけでは完全に理解する（知る）ことは不可能です。ですから、実践して、経験して、体感して、行動しながら分かって知っていくしかありません。最初に実践ありきです。

何事も危険なことが起きませんようにと、ひたすら安全第一主義のことばかりを考えていますと、命は衰退に入っていくだけです。魂もカラダも衰退します。ある程度までは命を雨風にさらすことによって、「雨風と和合する」という神秘を知ることができます。少しの冒険もしないような心であれば、実地が伴わず、やがては個人も全体も衰退するばかりです。

ただし、何でもかんでも、やみくもに実践行動しろと言っているわけではありません。思案や思索も大切にし、尊重もしますが、格別に「実行・実践」に重きを置いていくことが「参上り」です。種子から芽が出て、茎や幹が上へ上へと伸び栄えて進むのは「参上り」の精神を表しており、そのアッパレで爽やかで澄み切った情熱的な精神からは、必ず美しい花が咲いて実を結びます。

ついでながら、「参上り」の真逆のことを「まかり下り」と言います。「まかる」と言いますのは「無くなる」「退く」「命から遠ざかる」という意味です。死ぬことを「身まかる」と言い、ケンカに「負ける」という表現も「まかる」なのです。

総合的に言いますと、「まかる」とは「堕落すること」であり、「共に発展繁栄することをやめる」という意味合いです。

師からのお叱り

「なぜ、私は生まれたのだろう?」「人生には、一体どんな意味があるのだろう」などということを、一度も考えたことがない人は存在しないと思います。私も、その疑問の答えが欲しくて、色々な宗教や、哲学、心理学、占術、ヒーリング、スピリチュアル学などを学ばせて頂きましたが、なかなか納得がいきませんでした。

そして今ようやく、全ての答えである真実が腑に落ち、それを頭の納得だけで終えるのではなく、真実そのものを、このカラダを通じて現わして生きることができつつあります。

はるか昔、地上に降りた私たちの意識が、まだ自分の「神なる本質」を忘却する以前は、この物理的な世界で理想的な国づくりをすることにワクワクしていて、まるで遊園地の冒険の国や、おときの国に来た子供のようにはしゃいでいました。

ところが、カラダを持ち、肉体の眼を通じてカタチある物を見るようになると、どうしてもお互いが分断されている感覚に陥っていきます。肉眼で見えるものにばかり意識がフォーカスされ、「見えない神秘」のことは少しずつ忘れていったのです。

そして、「皆で共に栄えるような世界を永遠に創っていく」「弥栄発展に誠を尽くす」という魂の意識からズレていき、各自が勝手な価値観や不自然な概念を意識の中に持つようになり、好き勝手な物事を創り出すようになっていったのです。

私たちは、自分勝手に創った「偽物の現実世界」に我を忘れてハマり込み、次第にそのゲームを複雑にしていき、ついには自らの意識が抜け出す術（すべ）さえ忘れてしまったのです。それが、今のほとんどの人たちの姿です。

師から言われて学んだことの中に、忘れられないフレーズがあります。

「私たちが創造主の願い（天意）と同じことを意志する時、創造主や真の神々が（陰ながら）全てをセッティングしてくれていることを知っているかな？」とおっしゃったのです。

自分が意志したことが「天地の望み」に合致している時、その熱意は必ず創造主や神々を動かし、人知を超えたセッティングをしてくれます。時間、お金、タイミング、継続の力、エゴを癒すための内観力、それら全てを「全体総合パッケージ」としてセッティングして下さるのです。すごいと思いませんか？

それなのに、ふと魔が差し、迷いと葛藤が生じ、天の意志をキャンセルすると、神々や森羅万象の「お膳立て」が全て無駄骨になるのです。これは本当に申し訳ないことです。

そして、その時だけしかないチャンスをのがすとき、神々による最高・最善のセッティングは、当面の間は来なくなり、他の人のところへ移行します。ましてや、創造主の天意（アイ）に沿って生きることを、途中放棄して完全にやめてしまうことは、神々や自然界に対してどんなに失礼なことなのか、考えただけで恐くなります。

師からは特に強く言われたことがあり、「魂として、天に従うことを〝人生の全て〟にできないのなら、そんなスピリチュアルは一切やめてしまいなさい」と。厳しくも最高に優しい「おさとし」でした。本氣からの熱意を覚悟させられた言葉であり、覚悟の踏み絵となる言葉でした。

師以外では、自分の魂「I」からもお叱りを受けたことも多々あります。

「お前が無事に生きていることが、どれほどのサポートから成り立っているか、分かっているのか？　鍵を開けて部屋に入ること、そこにどれほどの奇跡の重なりがあるか分かっているか？全て自分がやっているとうぬぼれていないか？　目に見えない存在たちが、いかにアイのサポートをしてくれているか、それを知れ！」と

スピリチュアルは「おけいこ事」ではなく、人生の基盤です。魂の本質をカラダで表現することなのです。それは、自分の都合を全て手放し、「創造主の都合に合わせる」「魂の都合に合わせ

る」ことから始まります。自分のタイミングではなく、天のタイミングに合わせていくのです。そうでないと、「天の時の流れ」「天の向上の流れ」には乗れないのです。地上での常識的な生き方も捨てきれず、魂としての生き方にも興味がある、そういう「ダブルスタンダード」な生き方が最もエネルギーの無駄です。

「未完の体験」が発展進化を止める

人が成長していく過程において、立つ、歩く、話すなどの動きは自然に現れてきます。そこには（陰ながらの）「栄えさせよう！」という天の意志が働いています。それは個人的な「意志」「選択」を超えています。まさにこれが天の意志というものです。素晴らしいと思いませんか？

例えば、赤ちゃんが「僕は立ちたくないんだ」と意図して、ずっとハイハイのままということはありえないのです。赤ちゃんは「素直」のままであり、天地と同調できているから、自然に進化発展できるのです。でも、ある段階から自然な進化発展が起こらなくなります。

どういうことかと言いますと、心理的、感情的、社会的な機能の発達が妨害されるか、傷つけられるのです。こうやって、誰もが発達障害になるのです。やんちゃ坊主であるべきときに、やんちゃをさせてもらえないとか、やりたいように（あるいは、やりたくないように）させてもらえないというような、エネルギー的な「バイオレンス」「暴力」が介入し、ある種の体験が「未完」

のままになります。バイオレンスが介入するとき、子供なりの戦略として「性格」の型が生じていきます。

そして、体験するはずだった体験が「未完」のままであれば、そこで進化はストップするのです。通常の成長過程で「起こるはず」だったにもかかわらず「起こりえなかった」体験を、あらためて「今ここ」へ許可して融合することができれば、進化が自然にスタートし始めます。意識上でしっかりと許可することで、実際の行動に移す必要もなくなります。

例えば私の場合、幼少期から「持ち物への自然な欲求」を抑え込まれました。ランドセルや体操着というような当たり前の必需品でさえ、劣悪で安いものしか買ってもらえなかったために、「性格」の型としては「忍耐・我慢」の子になるわけです。

そのまま年月が過ぎて大人になると、「未完」の体験を完了させようとして、やたら物欲が強くなります。物欲が強くなることで、同時に金銭欲も強まります。

ただし、無意識レベルでの忍耐・我慢という「性格」が働くために、欲しいものが目の前に来てもストップがかかるのです。それどころか、物に対して（お金に対して）「敵意」や「攻撃の心」さえ抱くようになっていきました。

ありがたいことに、その不自然さを指摘して下さった人がありました。私は早速、自分自身に「とことん好きなようにしていいよ」と、深いアイをもって意識的に「物欲への許可」「金銭欲への許可」を降ろしたのです。するとその瞬間、強烈だった物欲がストーンと激減しました。本当に不思議でした。

このようにアイをもって意識的に「許可を降ろす」ことが合氣道の「入り身」のワザと同じ原理になっています。

その「入り身」と呼ばれる動きとは、「向かってくるものの方へ（アイで）向かっていく」という考え方の集約の動きです。

「入り身」のテクニックとしては、こちらへ向かってくるものに「敵対」せず、「攻撃」せず、その「真っただ中」へ入り込むこと（entering）を言います。向かってくるものが、どんな出来事であれ、物であれ、お金の状態であれ、その場の状況の「真っただ中」「核心」へアイをもって直接入っていくのです。


その「入り込んでいく」という動きは、こちらに向かってくる「何か」と溶け合っていくために行われ、それに対して逆らうことも、反撃することもしません。ノン・バイオレンスなのです。向かってくるものが実際の攻撃であれ、言葉の攻撃であれ、感情的な攻撃であれ、そのエネルギーのほうへと「入り身」するのです。これによってエネルギーの融合が起こります。

「未完」の体験も、このようにして「今ここ」に融合されると、ようやく完了していきます。そして、融合した全て（物・お金・人・出来事）は本来のアイに戻り、自分自身のエネルギー仲間になってくれるのです。

起こった出来事に「入り身」し、ちゃんと内側に融合しないと、いつまでたっても終わりません。終わらないから、同じところをグルグルしますし、次の素晴らしい体験に移行できないのです。

忘れてならないことは、あなたが拒絶したいと思う状況ほど、意識的にアイで受け入れる必要があります。いかなる出来事も、アイをもって受け止める経験が必要なのです。

光の柱「I」のハートの中に受け入れてあげて、キッチリとアイに戻すことで、初めて本当の「現実リセット」になります。イヤな事だという概念を残したまま、個人的な悪感情が残っているならば、またその出来事を創ります。

たとえば、お金がゼロになった現実が起きたのなら、それをアイで受け止めて完了させることで、「済んだ、終了した」ことになっていきます。「お金ゼロが開始した」のではありませんし、破産が開始したのではありません。

あなたがどこかで「お金に困ることがあるかも」という可能性を信じていたことによって、今というタイミングで表面化しただけであり、そして、終わろうとしているのです。

「また、そんなことが起きたらどうしよう」という思い込みと恐怖感は、必ず浄化しておいて下さい。

今のあなたの目の前に広がる現実的な結果や状況がどんなものであれ、それ自体があなたを攻撃しているのでもなければ、あなたを不幸にしようと思っているわけでもありません。

そのように見えるのは、自分が「被害者意識」になっているからであり、「世の中にはそんなことも起こりうる」と自分が強く思い込んでいるせいで、その現実を創るだけです。

魂の歓喜VSエゴの歓喜

エゴの「ウッシッシ♪」という喜び、それは個人的な望み通りにコトが運んだ時の「ニヤニヤした感覚」のことですが、そんな喜びと「魂の歓喜」を間違えないで下さいね。

今後、５次元世界という新しい時代になると、魂の歓喜が中心になっていきます。諸先輩の言葉もお借りして、魂の歓喜の大切さを書かせて頂きます。

ますます現実化するのが早い今の時代だからこそ、アイ以外も早く現実化します。そして、皆様が本当に「Ｉ」の役割を実践しているなら、何かに不満や不足を感じている暇もありません。ますます癒しが進み、不安・恐怖・怒り・悲しみがドンドン減っていくはずです。全てを笑いに包むようなエネルギーの人となり、アメノウズメ神のような底抜けの明るさの人になっているはずです。

もし、ご自分が感情的になり、不安をおぼえるような状態になったなら、そんな自分自身を客観視し、達観し、その状態を「笑う」ところまで抜けていきましょう。その上で、癒すものは癒しましょう。

先ずここで氣づいて頂きたいことがあります。意外かもしれませんが、個人的な喜びの中にも、たくさんの「文句」や「不満」が入っており、そこも癒していかねばならないのです。ネガティブな文句や感情を癒すことは当然ですが、自分だけの「ウッシッシ♪」に走ってしまうポジティブな喜びの中にも、実は文句がいっぱい詰まっているのです。

自分の「はやる氣持ち」で前のめりになること、これが「ポジティブな文句」をかかえている証拠です。

「ポジティブな文句ってどういう意味なの?」と思う方もいらっしゃるかもしれませんね。実は、ポジティブなことへの「はやる氣持ち」は、過去の文句や不満の「埋め合わせ」だからです。ネガティブな文句だけでなく、ポジティブな文句の「癒し」に取り組む意志があるのでしたら、「全ての文句や反発心を明らかにして、癒します」というイノリが必然です。

そのイノリから反応するカラダの部位や、ドキッとするところが「文句のかたまり」です。

ポジティブであっても「深い歓喜」がなく、ただ目標に向かう、頑張る、一生懸命、このあたりが一番あやしいのです。

深い歓喜は、天からのアイ・エネルギーがしっかりとハラ(下丹田)まで降りている時に湧いてきます。創造主の呼吸が下丹田にまで降りていないと、深い歓喜は分かりません。

次にもう一つ、氣づいて頂きたいことがあります。創造主の目標(弥栄)と自分自身がやりたいことの不一致が無いかどうかです。つまり、魂として生きるといいながら、「最低限、◯◯したい！」「最低限、これだけは」という思いにこだわるなら、「魂など不要です」と宣言しているのと同じです。

今までの自分の好みのペースは変えないとか、自分なりに頑張るとか、昨日よりは努力するとか、これでは魂を生きているとは言えません。創造主は自らの目標に向かって、いつも全身全霊でアイを広げています。偏った好みも主張もありません。

今の時代、光の柱「I」で生きると決めた人は、神域や神社に行くことが大事なのではなく、いつもの日常生活でアイの実感をし、そのままカラダを通じてあらわしているかどうかです。

創造主の意志を実践し、魂を生きるつもりでいるのなら、自分のアイや元氣を「何に使うのか」という点にも責任を持たねばなりません。

たとえば、アイではない出来事を創った自分を溶かして癒す、ここにアイや元氣を使うのは当然の責任です。全てに対してご奉仕することに、アイや元氣を使うのも当然の責任です。

現在進行形のポジティブな文句、過去の文句、未来への文句、全てを癒すこと、ここにアイや元氣を使うのも当然の責任です。

「精神世界」と「魂世界」の大きな違い

私たちが4次元の意識（人間の精神どまり）で生きながら創っていく現実と、5次元以上の魂の意識で生きながら創る現実とでは、「エネルギー・システム」が全く変わっていきます。5次元以上の魂の意識になって生きることは、それまでとは全く違うOS（オペレーティングシステム）を選び直すようなことに匹敵します。

つまり、長年の強い習慣になっていた、生き延びるためのサバイバル・パターンを乗り越えて、その先の新しい視点（客観を超えた「達観」の視点）を手にしていくことになります。

5次元以上の魂の意識として生きるためには、「魂の取扱説明書（機密文書）」が必要となってきますが、今までは普及させることが困難だった「神秘の真実」も、タイミングを見ながら公開できる時代になってきました。この本を執筆することが可能になったのも、新しい時流のおかげなのです。

今までのスピリチュアルの多くは、「精神世界の探究」にとどまっていたと思います。でも、これからは本格的に「魂の時代」「真の神世の時代」に入ります。魂として歓びをキープしつつ、全体発展のために奉仕していく（底上げしていく）時代になります。もちろん、それを意図しないことも各自の自由意志です。

ところで、「精神世界」と「魂世界」の違いは何だと思われますか？　同じスピリチュアルという「くくり」になっているかもしれませんが、全く異なるものです。

カラダより上位にあって、カラダに影響を及ぼすのが感情。感情よりも上位にあって、感情に影響を及ぼすのが精神。「精神」よりも上位にあって、精神に影響を及ぼすのが「魂」です。魂と精神とでは、魂が上位になりますから、次元が全く違うのです。


「精神」とは何でしょうか?

魂を「花」そのものだとすれば、花から放出される「香り」のようなものが精神です。例えば、誠実さ、思いやり、真心、感謝、祝福、明るさ、協調性、などです。

それらの全ては、魂にしかない香りであり、純粋な精神は必ず魂から生じます。


魂が放つ色々な香り（精神）に関しては、道徳・教義・理論・経文・マントラ・技法テクニックとしてまとめ上げられ、誰かの手によって「バイブル化」されました。

バイブルには、様々な呼吸法や、瞑想や、ヨガや、ヒーリングや、チャネリングや、透視スキルなども加えられてきています。

要するに精神世界は、魂の香りの項目を細かく「バイブル化」した世界だということです。このバイブルに従って生きることが、今までのスピリチュアル世界だったわけですが、「花」としての自覚を抜きにしたまま、ただ「香り」だけを出そうと頑張ってきた世界でした。

それはまるで単なる雑草のままで、素晴らしいバラの花の香りを出そうとして頑張るのと同じことでした。土台、無理な話ですよね。今までの個人的な自分のままで、魂の香りを放つことは無理なのです。

今までの私たちは、魂の花としてではなく、迷い多き、悩み多き雑草として生きながら、必死に香り（精神）を放とうとして頑張ってきたのです。必死になって、誠実さ、思いやり、真心、感謝、祝福、明るさ、協調性などを何とかあらわそうと努力してきたのですが、そんなことをするよりも、モトモトの自分である魂に戻るほうが、ずっと簡単に香りをあらわすことができたはずです。

ですから、倫理道徳や精神性を説くバイブルに従って生きる限りは、正しくて良い人にはなれても、魂そのものには戻れません。今までの精神世界を大切にしていると、歓喜の魂には戻れないのです。

歓喜の魂から精神性（感謝・祝福・敬意）を表現していないのなら、表面的なカタチだけの偽物になり、相手には刺さりません。

今までは、人間の感覚（4次元の意識）で生きていても、ある程度まではスピリチュアルな精神世界を追求することができていました。でも、5次元以上の魂の世界は、今までの精神世界の全てを手放さないと入れない世界です。精神世界の延長には、魂の世界は無いからです。「魂の世界」は、私たちにとってのネクスト・ステージではなく、全く異次元のアナザー・ステージなのです。

それ、人生の一大事ですか?

「貧困」を人生の一大事だと考えている人は、それを改善できません。「病氣」を人生の一大事だと考えている人は、それを解決できません。「人の好き嫌い」を人生の一大事だと見なしている人は、誰とも調和することができません。

今、宇宙の波動と光が非常に強くなっており、創造力（何かをクリエイトする力）がものすごく強まって拡大しています。各自が「人生の一大事」だと思うもの、こだわっている物事、最も氣持ちを向けているもの、強く意識しているものが、すぐ現実化していくのです。

病氣、病氣、病氣、足りない、足りない、足りない、嫌い、嫌い、嫌い、そのリアルに繰り返される「実感」がそのまますぐに新しい現実になります。

不安や疑いを癒さないまま、ずっとフォーカスし続けて、思考しまくって、ドヨ〜ンとしているならば、ますますドヨ〜ンとした現実になります。迷っていると、迷いの世界に入ります。「分からない」と思いつづけるなら、いつまでもたっても分からないような世界に入ります。どうでもいい世界と「握手」をして、そこと仲良くなっていくわけです。

一日のうち、皆様は「何に」フォーカスし、「どんな感覚に」フォーカスしている時が多いでしょうか？　それが人生の一大事になっていますよね。

でも、その「考え」や「気分」を続けていて、全ての存在の幸せにつながりますか？　全ての存在の歓喜に到達できますか？　もし、フォーカスしていることが全体の幸せや歓喜につながることがないのなら、何の意味もないことだと思いませんか？

世間一般では、生きる歓喜よりもケンカを大事にし、生きる歓喜よりも不安・恐怖を大事にし、共に栄える歓喜よりも依存を大事にし、共に栄える歓喜よりも好き嫌いを大事にし、共に栄える歓喜よりも分析やジャッジを大事にし、共に栄える歓喜よりも思考することを大事にしがちです。

魂の深い歓喜の中には「神の思考（神の叡智）」が全て内包されているというのに、わざわざ個人的な自分の思考をこねくりまわすなんて、もったいないことです。

不安・心配・怒り・悲しみなどの感情や、それらを誘発する考え方などは、さっさとハートに入れて溶かしてしまいましょう。だからといって、不安感やドヨ～ンとした感覚さえ消えてしまえば、もうそれで最高に幸せになるのかといえば、そうではないのです。

精妙な「歓喜の実感」を増やし、爽やかな「幸せ感覚」を増やし続けることが大事だからです。

天地が私たちに望んでいるのは、「魂とカラダの歓喜」を増やすことです。

「感情を揺さぶる」ほうに意識を向けることを人生の一大事にするのではなく、精妙な歓喜（＝創造主の呼吸）を実感し続けることを人生の一大事にしましょう。

そして、自分の夢や願望を人生の一大事にしている人も、そんな自分自身を、丸ごと癒して下さい。

今まで、私自身も沢山の方々の「過去世」を見させて頂き、その経験からも分かったことですが、個人的に強くこだわる夢や願望のほとんどは「エゴの願望」です。こうしよう、ああしよう、そんなふうに明確であればあるほど、過去の人生の「埋め合わせ」でしかないのです。あの時できなかったことが悔しくて、今世こそ成功させたいだけです。それが「人生の一大事」になっていると、天地や自然界から「活躍の依頼」が来てもサッパリ分かりません。

意外ですが、天地から来る「依頼」は暑苦しくなく、強制的でもなく、ソフトタッチな歓喜で湧き上がってきます。「こうしてみようかな。なんだか楽しそう」といったようなサラッとした自然な感覚で起こってきます。

いずれにしても、何かを「欲しがって求める生き様」そのものが、エゴの生き方ですし、4次元的な古い生き方です。人生の一大事に執着している人、自分を前面に出したい人は「前のめり」になりやすく、人生から逃げたい人は、後ろに「のめって」しまいます。これは光の柱「I」からズレている状態です。

何かを知りたいと思うことは素晴らしいのですが、焦って「前のめり」になると、必ず「I」からズレています。「良い・悪い」を感じるだけで「前のめり」になり、何とかしなきゃと思って「前のめり」になり、悪者さがしをして「前のめり」になります。

相手に同情してみたり、誰かを弱者だと思った瞬間も、「前のめり」になります。「イヤ！　嫌い！」という拒絶も、実際のエネルギーは「前のめり」です。

私たちが何かに氣を取られる時、どうしても中心の「I」にいられないのです。「前のめり」になってしまうと、ご自分のアイ・エネルギーは、完全に分離して分散します。これが氣枯れ（けがれ）というパワー不足の状態なのです。天地の氣が不足しているため、頑張って自力を出そうとして、念力や呪術を使ってまで自分を押し通そうと頑張るようになります。

「前のめり」になっているのに、神々や魂のような適切な判断ができるでしょうか？　天地からの適切な導きを得られるでしょうか？　無理ですよね。

ですから、どうか常に穏やかに「I」に居て下さい。何が何でも中心に居て下さい。**どんな時でも、何が起こっても、「I」を自覚して、深くておだやかな歓喜の呼吸（創造主の呼吸）をしていて下さい。**これは基本中の基本です。

そうすると、真のご自分である「I」のエネルギーのボリュームが増えて、色々な出来事のボリュームが小さく見えてきます。実際には大変な問題など何も起こっていないことが分かります。中心の達観したところから全てを観察できれば、起こっている全てが素晴らしい癒しのチャンスであり、アイへの変換点だと分かります。

相対性理論や量子物理学を超える「魂の物理学」

「まがつ神」「ダークサイド存在」たちの数は、今は相当に減ってはいます。でも、私たち各自の「生き様」が、弥栄発展に貢献するアイの心、アイの生き様へと完全に切り替わっていないのであれば、ダークサイド存在との強烈なご縁は続いていくことになります。

ただ単に全体繁栄を祈ったくらいでは、ただ単に「まがつ神から離れます」と思ったくらいでは、強烈なご縁は切れません。つまり、「天の徳分」が少ない場合は、まがつ神とのご縁を切ることが困難なのです。

天の徳分とは？

それは、ハレバレとした心身で生きているかどうか、神ながらの状態（創造主と背中合わせの感覚）で、自らの内側をアイの呼吸（創造主の呼吸）で満たし続けているかどうか、その満ちあふれる感覚をいつも観じているかどうかにかかってきます。

自らの内側がアイで満タンという「自愛」の状態になり、さらにそのアイがあふれ出していく「慈愛」の状態になった上で、どれだけのエゴを救いあげて（癒して）アイに戻したのか、そして、天地が喜ぶことを自らのカラダで成したのか、そこにかかってくるのです。

そして、大切なことは、何をするにも決して「一人で」「個人で」やろうとせず、真の創造主と背中合わせの感覚を実感しつつ、一心同体で（神ながらで）全てを行うようにして下さい。未来永劫にわたって、ずっと「神ながら状態」で生きて下さい。

神ながら状態で「創造主の呼吸」をし、神ながら状態で「癒し」をし、神ながら状態で「全体奉仕」をするのです。


かつて宇宙創造主は、私たちにアイを学ばせるために、スムーズにいく経験だけでなく、スムーズにいかない経験も、どちらも経験させようとしていました。

ところが、まがつ神たちは、私たちの経験に悪意の操作を加えて、なるべくスムーズにいかない方向へと固定化したのです。ギクシャクする作用だけを強めるように仕向けたのです。


でも、ようやくそれも終わりました。真の神々が神界に復活しましたから、これからの世界は「未来永劫、皆で共に弥栄発展する」ことに関し、スムーズにいく方向性だけが設定されました。

今まで宇宙に存在していた暗黒物質（ダークマター）と呼ばれるエネルギーも消え去って、完全にアイの光だけになりました。

そして、地球の時間軸が消え、地球の実年齢も変わったのです。これはすごいことですね。時間軸に沿って過去を引きずった地球ではなくなり、まさに新生児のような地球に生まれ変わったのです。

その事実が理解でき、腑に落ちた人にとっては、ご自分のカラダからも時間軸が消え、実年齢が変わることを納得されると思います。本当にガラリと世界が変わってしまったのですね。

こんなにも宇宙が大きく変わっているとはいえ、いまだに私たちの中には「自我の思考パターン」が残っていると思います。

たとえば、時間とはこういうものだという固定観念、時間が経過するのだから年をとるのは当たり前という思考、そういった地上界の窮屈な「固定観念」に氣づくには、内側に（内宇宙に）アイの光が満タンでないと氣づくことができないのです。

エゴの思考を顕在意識にまで浮上させて見つけるには、内側の意識の暗闇を、アイの光で満たし続ける必要があります。

$E=M^2C$

これをご存知でしょうか？　アインシュタインの相対性理論では有名な式です。Eはエネルギー。Mは質量。Cは光速。

実は、神界の全面的な変化、宇宙全体の前代未聞の変化により、相対性理論の「数式」を超えるほどの新たに進化したエネルギーパターンが誕生しました。

これが何を意味するかと言いますと、今まで私たちが「自分の思考パターン」「常識的な固定観念」を変えようとしても、宇宙のエネルギーパターンと思考パターンが同じだったため、（その支配下にあったため）なかなか変えることが困難だったのですが、それが非常に簡単になったわけです。

宇宙から古いエネルギーパターンが消え去り、今までは変えにくかった固定観念や思考が、相当に変えやすくなったということです。

「あ、もうその思考はや〜めた。アイに戻そう！」でOKになったのです。

真の神界によって、弥栄発展し続ける現実創造のためのエネルギーパターン（魂の数式）が、ようやく地上界に降ろされたのです。空前絶後の「魂のエネルギー法則」が活用される時代に入ったのです！　本当に感動ものです。

相対性理論や量子物理学を超える時代になるとは聞いていましたが、本当にそうなったわけであり、今までの有限の数式（化学式）は消え、やっと無限のエネルギーの時代に入りました。

天が喜ぶ生き様をしている方は「魂の数式」を直接には知らなくても、その恩恵を授かっていくことになります。神々と共に「アイの志」をもって生きる人だけが「魂の数式」の恩恵を自ずと授かり、それがどういうものかを自ずと理解できるのです。「魂の数式」に関しまして、アナログ的な説明をさせて頂くならば、次のようになります。

真の弥栄創造＝「創造主から授かる波動（自愛）」×「カラダのトーラス」

永遠の「中今」を生きる感覚

古神道では「中今」という概念があります。過去も未来もパラレルも、あらゆる次元や全ての時空間が、「今」という一瞬の「中」に畳み込まれているという意味です。だから中今と言うのですが、本当にその通りであり、すでに量子物理学でも証明されています。

言い換えれば、「中今」には「永遠の時」が畳み込まれているのです。無限の時空間が圧縮されています。もう皆様もお分かりになると思いますが、この「中今」こそが、宇宙創造の原点なのです。宇宙の始まりが「中今」です。

誕生から死ぬまでの時間の長さを、限りなく短縮していくと、「中今」という瞬間だけになるのです。この「中今」という一瞬の点を拡大すれば、未来永劫の悠久の年月となり、縮小すると、一瞬の一コマになります。命が燃えさかっている「一切の全て」があるのは、「中今」だけです。

もともとの神界には、今の私たちが思うような、直線的な時間軸というものが存在せず、時間にとらわれてしまうとか、惑わされることが全くありませんでした。本当の時と言えば「中今」だったのです。

ところが残念なことに、人類を操作支配したい存在たち（まがつ神たち）が、時間という概念を人類に押し付けたのです。

過去、現在、未来という概念のフィルターを通した一直線の人生感覚を、強烈に私たちに植え付けました。真の時である「中今」に居続ける感覚、生きる感覚を完全に見失わせたのです。

でも、ようやく「天のみそぎ」が起こり、今までの直線時間軸という概念が、4次元地球（偽のドリームランド）から消失したのです。2023年9月末をもって崩壊しました。まがつ神やダークサイド存在による誤った時間軸の設定が壊れたのです。

おかげ様で、光の柱「I」として生きる者にとっては、「中今」という真の時が意識しやすくなったわけです。

「中今」は「真の時」が生じるところであり、言い換えれば「永遠の時」が湧く場ということです。その場がまさに光の柱「I」なのです。これって、本当にすごいことだと思いませんか？鳥肌ものです！

ただし、自分が学校で教えられたことや、政府やマスコミや著名人が言うことに何の疑問も持たず、自分の生き方のクセのままで日々を過ごす人や、時間に関して何も疑問を持たない人や、時間に縛られているほうが安心できる人、古い社会常識を盲信する人たちは、今までどおり、誤った時間軸である「過去→現在→未来」に縛られます。

ここで、注意すべき点を申し上げたいと思います。

「中今を生きる感覚」とは、過去や未来を無視して、現在の瞬間だけにフォーカスせよということとではありません。過去や未来という「表現」に振り回されるなという意味です。振り回されない状態で過去を観ていく必要もありますし、癒すべき過去なら癒す必要があります。

「中今を生きる」というのは、創造主の理想のビジョンをいつも忘れず、そのビジョンがスムーズに達成されている感覚のままに「今」を生きるという意味です。「中今」という一点に居続けるのは、創造主の意志を成すためであり、アイを実感して広げ続けるためですね。

虚空のビッグバンに始まり、今現在に至るまでの膨大な歴史時間をドンドン凝縮して短縮していくと、たった今（中今）という一点に圧縮されてしまいます。過去と未来の全てが「中今」の中に畳み込まれています。

どの瞬間にも、始まりと終わりが畳み込まれています。原因と結果、初発と完結、スタートとゴールが畳み込まれているのです。

たった一つの存在「一霊」による、たった一つの音波「一音」から全てが始まったのです。今もそうですし、今後もずっとそうであり続けます。

毎瞬毎瞬が「中今」であり、全ての起点（原点）なのですから、どの瞬間の「今」からであっても、全くの「未知の始まり」が創造されていくということです。

あなたの「中今」が、ずっと弥栄でありますように！

おわりに

土の時代から風の時代へ移行しています。今までは物理的なもの（物理的なお金など）を支えとして生きてきましたが、エネルギー（波動）を支えとする次元に入ったのです。創造主のアイ・バイブレーションを自らの支えとし、それを物理世界に広げる時代です。

そして、魂の意識だけを磨く（自分の霊性だけを高める）ことしか興味がない人もおられますが、それでは物理的なカラダが神化できません。意外なことに、自分の意識を高めることだけを「目的」にすると、魂の道を外すのです。

因縁解脱、悟り、覚醒、神あがり、アセンション、次元上昇というような、「カラダ」を抜きにしたものだけを目的にすると、「サイキック」「念力」「呪術」「魔術」という横道にズレていきます。

実は「カラダ」にこそ、過去のエゴの生き様が「痕跡」を残していますので、今世ではアイをベースにした「カラダの使い方」に直していくと、エゴのパターンを変えることができます。言動のパターンが変わると、各自のポテンシャルが花開いてきます。過去にさかのぼって「やり直し体験」をしておくことは、「癒し」の基本です。

例えば、あなたが感情的になったまま道を歩いていて、石ころを腹立ちまぎれに蹴ったとします。そして、そんなふうにアイではない行為をカラダにさせた自分自身に氣づくことができたなら、そのようなカラダの使い方をその場で反省し、「改め直す」のです。

先に自分の「冷たい感情」を癒してからですが、石ころを蹴らなくて済むような「温かいアイの意識」になってから、同じ道をもう一回あらためて歩き直してみるのです。つまり、アイを伴った新しい歩行の経験を、カラダの細胞に刻印し直すのです。これでカラダのカルマが一つ消えます。

もし、その時すぐにやり直せない場合は、必ず家に戻ってから、やり直しをしておいて下さい。イメージで構いませんから、道を歩いている自分が幸せな感覚であることを実感しつつ、アイを伴った歩き直しをし、石ころとも喜びを分かち合っている経験に直しておくのです。

ところで、面白い実験があります。自分の意識がいかに大きな影響を及ぼすのかという実験です。

二人一組になり、Aさんが介護士の役、Bさんはカラダが相当に弱り、腰も曲がり、歩行困難な老齢者の役をします。先ずAさんが普通の意識でBさんを補助しつつ歩くとき、Bさんには何の変化も起こりません。

ところが、AさんがBさんに対し、「これからますます健康になっていくのだな」「ますます能力発揮され、活躍されるのだな」という意識を持ちつつ、さらにBさんの目の前には「キラキラ輝く光の道」がずっと続いているのを観てあげながら、その意識でBさんを補助して歩くのです。

そうすると、前のめりに曲がっていたBさんのカラダが、徐々に普通の立ち姿へと変化して、歩行がスムーズになっていくではありませんか！

それだけでなく、Bさんは氣持ちも若くなり、希望にあふれる感覚がするという実験結果ばかりが出ました。

あなたがどういう意識を「対象」に投げかけるのか、その影響は「対象」にもろに出ます。そうであるならば、自分自身が自分という対象に対して「素晴らしいなぁ。ますます素敵になって、ますます能力を発揮していくのだなぁ」というアイの意識を常に投げかけ、光の道が目の前にずっと続いているのを観じてみてはいかがでしょうか。これが自愛（5次元）の意識です。

現在の自分や相手の様子が、今現在はどう見えているとしても、今よりさらに発展して素晴らしくなっている将来の姿、それを光の道として「向こう側」に観じとっていくことが「魂のあり方」です。敬い・祝福ともいえる自愛と慈愛は、神なる魂の必須項目です。宇宙はお互いを敬い合う（称え合う）ことで拡大していくのです。

このように、「現在の姿」に縛られず、それを超えた「将来の姿」での向き合い方が、ミロク（5，6，7次元）の新時代における「関係性」なのです。これは真の神界での「関係性」「つながり方」でもあるのですが、本当に素晴らしいと思います。

「こうしたい」「ああしたい」「これは善きこと」「これが最善」という自我の考えで（未来を想像して）何かをするのではなく、「皆と共に調和しながら、アイの魂として全体貢献します」という純粋無垢なイノリをし、「いかなるお役目」も素直に喜んで引き受けるような存在になって下さい。その通りの「天の流れ」を授かり、「天の後押し」が必ず入ります。

この流れに素直に乗っかって、目の前のモノやコトを大切にしていって下さい。

新しい生き様、新しいつながり方、やっと始まったばかりです。

皆で共に、歓びいっぱいで歩んでいきましょう!

Mana（マナ）
透視ヒーラー。StarHeart（スターハート）主宰
福井県出身。名古屋市在住。
大学では心理学と英文学を専攻。
宇宙創造の中心であり、生命の源でもある
「虚空」を追求していくなかで、三度の覚醒体験が起こり、
現実空間の全てが「神氣」「神霊」で満たされていることを悟る。
現世と神世は一対、魂とカラダも一対、生と死も一対、全ては陰陽一対のアイで動き、「共に栄える基本」になっている、
このことをセミナーや講座を通じて広く伝えており『新・長期講座』を始めとして数々のセミナーを開催し、その動員数は1万人以上にものぼる。
スターハートの「Manaブログ」は、内容の濃さが定評で、多くの読者に喜ばれている。
魂で生きることの先駆者的存在として活動中。
◎米国クリアサイト認定透視チャネラー
◎國際ゼロポイント協会理事（著作権220818号）
◎全米催眠療法協会公認ピプノセラピスト
著書に『空舞い降りた神秘の暗号』『空 天翔ける歓喜の弥栄』
『空 豊穣の狩人』『メギドの火』『深・古事記神ながらの道』
『光・無限のいのちを生きる』『神界のメビウス』
『宙（そら）が教える「受け取る」の仕組み』がある。
公式ホームページ
URL:http://www.starheart.jp
MAIL: info@starheart.jp

「I」コード

2024年2月3日　第一刷発行

著　者　Mana

発行所　㈱三楽舎プロダクション
〒170-0005　東京都豊島区南大塚3－53－2
大塚タウンビル3階
電話 03-5957-7783　FAX 03-5957-7784

発売所　星雲社（共同出版社・流通責任出版社）
〒112-0005　東京都文京区水道1－3－30
電話 03-3868-3275　FAX 03-3868-6588

印刷所　創栄図書印刷
装　幀　Malpu Design（清水良洋）
DTP 制作　CAPS

万一落丁、乱丁などの不良品がございましたらお取替えいたします。
小社までご連絡ください。
ISBN978-4-434-33244-9

三楽舎プロダクションの目指すもの

三楽舎という名称は孟子の尽心篇にある「君子に三楽あり」という言葉に由来しています。

孟子の三楽の一つ目は父母がそろって健在で兄弟に事故がないこと、二つ目は自らを省みて天地に恥じることがないこと、そして三つ目は天下の英才を集めて若い人を教育することと謳われています。

この考えが三楽舎プロダクションの根本の設立理念となっています。

生涯学習が叫ばれ、社会は少子化、高齢化さらに既存の知識が陳腐化していき、われわれはますます生きていくために、また自らの生涯を愉しむためにさまざまな知識を必要としています。

この知識こそ、真っ暗な中でひとり歩まなければならない人々の前を照らし、導き、激励をともなった勇気を与えるものであり、殺風景にならないように日々の時間を彩るお相手であると思います。

そして、それらはいずれも人間の経験という原資から繭のごとく紡ぎ出されるものであり、そうした人から人への経験の伝授こそ社会を発展させてきた、そしてこれからも社会を導いていくものなのです。

三楽舎プロダクションはこうしたなかにあり、人から人への知識・経験の媒介に関わり、社会の発展と人々の人生時間の充実に寄与するべく活動してまいりたいと思います。

どうぞよろしくご支援賜りますようお願い申しあげます。

三楽舎プロダクション一同